MARINE MARCHANDE

DÉCRET

DISCIPLINAIRE ET PÉNAL

DU 24 MARS 1852

EXPLIQUÉ

et suivi d'un

FORMULAIRE COMPLET

A l'usage des Tribunaux maritimes commerciaux, des Capitaines de navire
et des Officiers de bord ;

PAR L. GARDRAT

AVOCAT A LA COUR IMPÉRIALE DE BORDEAUX.

BORDEAUX

P. CHAUMAS, LIBRAIRE-ÉDITEUR

Fossés du Chapeau-Rouge, 34.

1854

MARINE MARCHANDE

DÉCRET DISCIPLINAIRE ET PÉNAL

LU 24 MARS 1852

EXPLIQUÉ

BORDEAUX. — IMPRIMERIE DE J. DELMAS, SUCCESSEUR DE P. FAYE,
Rue Sainte-Catherine, 19.

MARINE MARCHANDE

DÉCRET

DISCIPLINAIRE ET PÉNAL

DU 24 MARS 1852

EXPLIQUÉ

et suivi d'un

FORMULAIRE COMPLET

A l'usage des Tribunaux maritimes commerciaux, des Capitaines de navire
et des Officiers de bord ;

PAR L. GARDRAT

AVOCAT A LA COUR IMPÉRIALE DE BORDEAUX.

BORDEAUX

P. CHAUMAS, LIBRAIRE-ÉDITEUR

Fossés du Chapeau-Rouge, 34.

1854

NOTE DE L'AUTEUR.

—

Ceci n'est point une œuvre de pure théorie, c'est un livre pratique; j'aurais pu l'intituler : Guide pour l'application du décret du 24 mars 1852.

Lorsque je me suis occupé des dispositions qui intéressent particulièrement les capitaines de navire et les officiers de bord, je me suis souvenu que j'écrivais pour des hommes peu habitués, pour la plupart, à l'étude des lois ; la controverse et l'érudition n'eussent fait que jeter leur esprit dans l'incertitude sur beaucoup de points, et leur montrer comme très-ardue une matière que l'on doit tendre à simplifier; aussi n'ai-je cherché qu'à leur expliquer la loi le plus clairement possible, et à leur indiquer une voie sûre pour chacune des circonstances qui peuvent se présenter.

Dans les parties qui concernent, d'une manière plus spéciale, les commissaires de l'inscription maritime, les commandants des bâtiments de l'État, les consuls, et enfin les tribunaux maritimes commerciaux qu'ils sont appelés à présider, j'ai donné la solution des questions, même d'un ordre élevé, qu'ils peuvent rencontrer dans la pratique; j'ai évité ainsi, à ces fonctionnaires et aux autres membres de ces tribunaux, des recherches souvent longues et difficiles. Les attributions des juges rapporteurs ont été le sujet des développements qu'elles nécessitaient.

J'ai placé à la suite du commentaire un recueil de formules. L'expérience m'a appris combien la rédaction d'un acte donné embarrasse quelquefois les meilleurs esprits. Afin d'aplanir les premières difficultés, j'ai présenté, pour différents cas, des exemples que l'on peut consulter par analogie. D'un autre côté, un recueil de formules est très-propre à signaler à l'attention, et à fixer dans la mémoire certaines particularités importantes d'une loi. Je pense que cette seconde partie de mon travail ne sera pas jugée la moins utile.

Une table alphabétique composée avec soin termine l'ouvrage, et renvoie à ses diverses parties.

Tel est, en peu de mots, le plan que j'ai suivi.

Le décret du 24 mars a rendu un immense service à notre marine marchande. Depuis la suppression des tribunaux d'amirauté, la plupart des dispositions légales relatives à la répression des délits maritimes étaient tombées en désuétude. Le capitaine n'avait aucun moyen nettement défini de faire respecter son autorité; et les fonctionnaires de la marine auxquels il adressait sa plainte, étaient obligés d'avouer leur impuissance à y faire droit d'une manière quelque peu efficace. C'était même en vain, le plus souvent, que l'on recourait aux tribunaux : les lois ordinaires étaient sans force contre des délits d'une nature spéciale qu'elles n'avaient pas prévus. D'ailleurs, la procédure était rarement praticable pour les infractions commises hors des pays français, et, même en France, ses lenteurs la rendaient difficile à suivre, car, à chaque instant, les exigences de la vie de mer appelaient au loin les hommes qui auraient pu éclairer la justice. L'indiscipline des équipages compromettait fréquemment le succès des expéditions, et l'impunité encourageait les coupables à tomber de nouveau dans les mêmes délits.

Le décret est venu mettre fin à ce désastreux état de choses, et assurer l'ordre à bord des navires. Aujourd'hui, le capitaine possède un pouvoir suffisant pour réprimer les fautes de discipline; une procédure simple, rapide et toujours facile a été établie; et les tribunaux maritimes sont institués pour infliger, dans le plus grand nombre de cas, un châtiment prompt et énergique à ceux qui failliraient gravement à leurs devoirs.

Ce décret forme à la fois le code d'instruction criminelle et le code pénal de la marine marchande. Il concerne les passagers comme les marins. Il prévoit non seulement les actes d'insubordination, mais

encore la plupart des autres délits et des crimes qui
se commettent à bord. Son importance m'a déterminé à en faire l'objet du travail que je publie.

Puissé-je avoir atteint mon but, qui a été de
montrer, pour ainsi dire, le décret en action, d'ini-
tier ceux à qui il est destiné à tous les détails d'attributions nouvelles pour eux, et, enfin, d'être utile
à nos braves marins.

DÉCRET

DISCIPLINAIRE ET PÉNAL

de la

MARINE MARCHANDE

EXPLIQUÉ

•

———— ¢ ————

DISPOSITIONS PRÉLIMINAIRES.

———

ARTICLE PREMIER. — Les infractions que le présent décret punit de peines disciplinaires sont des fautes de discipline.

Les infractions qu'il punit de peines correctionnelles sont des délits.

Les infractions qu'il punit de peines afflictives ou infamantes sont des crimes.

I. — Cet article, à l'exemple de l'art. 1ᵉʳ du Code pénal ordinaire, classe les infractions d'après les pénalités qu'elles entraînent.

Les peines de discipline sont indiquées dans l'art. 52 du décret.

Les peines correctionnelles (en matière maritime) sont déterminées par l'art. 55.

Les peines afflictives et infamantes sont les mêmes
qu'en matière ordinaire; nous les énonçons sous l'art. 56.

Ainsi, pour décider si une infraction commise est une
faute de discipline, un délit maritime, ou un crime maritime, il faut rechercher si le décret la punit d'une des
peines mentionnées par l'art. 52, par l'art. 55, ou sous
l'art. 56.

Toutes les infractions qui ne rentrent dans aucune
de ces trois catégories, sont des infractions du droit
commun, à savoir : des contraventions ordinaires, des
délits ordinaires, ou des crimes ordinaires.

II. — Comme la distinction des diverses natures d'infractions maritimes entre elles, et la distinction entre
les infractions maritimes, d'une part, et les infractions
du droit commun, d'autre part, sont de la plus haute
importance, nous allons donner un moyen assez simple
d'y arriver, afin de les faciliter dans la pratique.

Le législateur prend lui-même le soin d'énumérer,
dans l'art. 58 du décret, toutes les fautes de discipline.

Il indique ensuite, dans l'art. 60, la plupart des délits maritimes. Quant à ceux qui n'y figurent pas, mais
qui se trouvent prévus par les articles suivants, nous
les mentionnons au-dessous de ce même art. 60, en sorte
que l'on pourra embrasser, d'un seul coup-d'œil, la
nomenclature complète des délits maritimes.

Enfin, tous les crimes maritimes sont prévus par les
art. 89 et suivants jusqu'à l'art. 96.

On voit donc que, pour savoir si une infraction
donnée est une faute de discipline, un délit maritime,

ou un crime maritime, il suffira de regarder si elle est énumérée dans l'art. 58, dans l'art. 60 ou au-dessous, ou, enfin, si elle est indiquée de l'art. 89 à l'art. 96.

Quand une infraction n'est comprise dans aucune de ces trois énumérations, elle constitue une infraction ordinaire, c'est-à-dire une contravention ordinaire, un délit ordinaire, ou un crime ordinaire.

Nous allons voir, sous l'article suivant, l'intérêt de ces distinctions.

ART. 2. — Les fautes de discipline et les délits énoncés dans le présent décret seront jugés et punis conformément aux dispositions qu'il renferme.

Seront jugés par les tribunaux ordinaires, et punis conformément aux dispositions du présent décret, les crimes y énoncés ;

Seront jugés et punis conformément aux lois ordinaires, les contraventions, délits ou crimes non énoncés dans le présent décret.

1. — L'art. 2 montre l'importance de la distinction des diverses natures d'infractions; c'est, en effet, d'après cette distinction que se règlent la juridiction qui en doit connaître, et les pénalités qui leur sont applicables.

Les fautes de discipline sont jugées et punies par le capitaine ou par l'un des fonctionnaires ou officiers indiqués par l'art. 5 du décret, suivant les circonstances que les art. 6 et 7 déterminent.

Les délits maritimes sont jugés par les tribunaux maritimes que le décret institue.

Le décret fixe également les peines applicables aux fautes de discipline et aux délits maritimes.

A l'égard des crimes maritimes, ils sont jugés par les tribunaux ordinaires, c'est-à-dire par les cours d'assises; mais le décret détermine les pénalités qu'ils entraînent.

Enfin, sont jugés et punis conformément aux lois ordinaires, c'est-à-dire par les tribunaux ordinaires, et avec les pénalités prononcées par les lois ordinaires, les contraventions, les délits et les crimes que le décret n'a point prévus.

II. — La distinction des diverses natures d'infractions a un autre intérêt, principalement pour les capitaines de navire : cet intérêt a trait à la manière de procéder lorsqu'une infraction est commise par les personnes placées sous l'application du décret.

Nous verrons que l'art. 23 prescrit une procédure spéciale et très-simple lorsqu'il s'agit de fautes de discipline.

Pour les délits maritimes ou ordinaires, la procédure est tracée par les art. 24 et 25; et, aux termes de l'art. 49, cette procédure doit être également suivie en matière de crimes maritimes ou non maritimes.

Quant aux contraventions ordinaires, il y a lieu de noter qu'il sera très-rare qu'il s'en commette à bord. Mais, si le cas se présentait, comme il sera nécessaire que la juridiction qui aura ultérieurement à en connaître possède des renseignements suffisants, le capitaine devra procéder pour ces contraventions comme en matière de délits.

De la sorte, le capitaine ne peut avoir à suivre que deux manières de procéder distinctes : l'une pour les fautes de discipline; elle est tracée par l'art. 23; la seconde, commune aux contraventions ordinaires, aux délits maritimes ou ordinaires, et aux crimes maritimes ou ordinaires; elle est réglée par les art. 24 et 25.

ART. 3. — Les dispositions du présent décret sont applicables à tous les navires et bateaux français, appartenant à des particuliers ou à des administrations publiques, qui se livrent à la navigation ou à la pêche dans les limites de l'inscription maritime. Toutefois, sont exceptées les embarcations des douanes à manœuvres basses.

Restent soumis aux mêmes dispositions les équipages des navires et bateaux qui ne sortent que momentanément des limites de l'inscription maritime.

Sont, en conséquence, soumises aux règles d'ordre, de service, de discipline et de police établies sur les navires et bateaux marchands, et passibles des peines déterminées par le présent décret, pour les fautes de discipline, les délits et crimes y énoncés, toutes les personnes embarquées, employées ou reçues à bord de ces navires et bateaux, à quelque titre que ce soit, à partir du jour de leur inscription au rôle d'équipage ou de leur embarquement en cours de voyage, jusques et y compris le jour de leur débarquement administratif.

Cet article détermine quelles sont les personnes soumises aux dispositions du décret.

Ce sont toutes les personnes inscrites sur le rôle d'équipage ou embarquées en cours de voyage, à partir de leur inscription ou de leur embarquement jusqu'au jour de leur débarquement administratif.

Les passagers eux-mêmes sont assujettis aux règles d'ordre et de discipline du bord; ils sont tenus d'obéir aux ordres donnés pour le salut du navire ou de la cargaison, ou pour le maintien de l'ordre (art. 64); ils sont, enfin, justiciables des juridictions établies par le décret, et passibles des pénalités qu'il prononce. Ainsi, les fautes de discipline des passagers seront, comme celles des autres personnes du bord, punies de peines disciplinaires par le capitaine, ou tel fonctionnaire qui sera compétent, suivant les distinctions contenues dans l'art. 6. S'ils commettent des délits maritimes, ils sont jugés par les tribunaux maritimes que le décret institue, et frappés des pénalités qu'il édicte; enfin, lorsqu'ils se rendent coupables d'un crime, les dispositions du décret leur sont également applicables.

La manière de procéder est aussi la même à l'égard d'un passager que pour les autres personnes du bord.

Les règles qui précèdent sont établies pour tous les navires et bateaux français qui se livrent à la navigation ou à la pêche maritime. La navigation et la pêche sont dites maritimes sur la mer, dans les ports, sur les canaux et étangs où les eaux sont salées, et, jusqu'aux limites de l'inscription maritime, sur les fleuves et rivières affluant directement ou indirectement à la mer. (Art. 1er du décret du 19 mars 1852.)

A l'égard des navires et bateaux qui ne sortent que momentanément des limites de l'inscription maritime, leurs équipages seulement restent soumis aux dispositions du décret

Art. 4. — Les personnes mentionnées dans l'article précédent continueront d'être placées sous le régime qu'il prescrit en cas de perte du navire par naufrage, chance de guerre ou toute autre cause, jusqu'à ce qu'elles aient pu être remises à une autorité française.

Toutefois, cette disposition n'est pas applicable aux passagers autres que les marins naufragés, déserteurs ou délaissés, qui, sur l'ordre d'une autorité française, auront été embarqués pour être rapatriés, à moins que ces passagers ne demandent à suivre la fortune de l'équipage.

Dans le cas de perte d'un navire par naufrage, chance de guerre ou toute autre cause, les personnes qui étaient soumises à l'application du décret, d'après l'art. 3, continuent d'y rester assujetties jusqu'à ce qu'elles aient été remises à l'autorité française.

L'intérêt du rapatriement des navires, et même, dans certains cas, l'intérêt du salut commun, exigeaient que les personnes du bord restassent réunies sous la main des chefs. Les marins naufragés, déserteurs ou délaissés, que l'on rapatrie, sont eux-mêmes compris dans cette obligation. Il n'y a d'exception qu'à l'égard des passagers ordinaires : notre article les laisse libres de se séparer du sort de l'équipage, ou de demander à le partager ; dans ce dernier cas, ils restent également soumis à l'application du décret.

TITRE Iᵉʳ.

DE LA JURIDICTION.

CHAPITRE I.

De la Juridiction en matière de discipline.

ART. 5. — Le droit de connaître des fautes de discipline et de prononcer les peines qu'elles comportent est attribué sans appel ni recours en révision ou cassation :

1° Aux commissaires de l'inscription maritime;

2° Aux commandants des bâtiments de l'État;

3° Aux consuls de France;

4° Aux capitaines de navires du commerce commandant sur les rades étrangères;

5° Aux capitaines de navires.

I. — Cet article désigne ceux qui sont investis du droit de punir les fautes de discipline. L'art. 6 détermine ensuite dans quelles circonstances ils exercent respectivement ce droit.

Il est à remarquer que chacun d'eux, lorsqu'il est chargé du pouvoir disciplinaire, agit seul et sans l'assistance de personne, de même que l'officier, dans l'armée, punit ses subordonnés sans qu'il soit besoin d'une autre volonté que la sienne. Ainsi, lorsque ce pouvoir appartient au capitaine, il peut infliger des peines de discipline sans consulter qui que ce soit ; il n'a pas d'autre formalité à remplir que l'inscription de la faute sur le livre de punition, et l'inscription de la punition en marge de ce livre, ainsi que nous le verrons sous l'art. 23.

Les décisions, en matière de peine disciplinaire, sont définitives ; elles ne peuvent être attaquées par aucun recours, soit par appel, révision ou pourvoi en cassation. La nécessité de la bonne discipline à bord exigeait qu'il en fût ainsi.

II. — Les dispositions par lesquelles le décret confère le pouvoir disciplinaire aux consuls s'étendent-elles aux vice-consuls ou agents consulaires ?

Nous ne le pensons pas. M. le Ministre de la marine montre, en effet, dans son rapport, à l'occasion du pouvoir judiciaire conféré aux consuls, que cette désignation est employée par le décret dans un sens limitatif.

Quant aux fonctionnaires ou élèves consuls chargés de l'intérim d'un consulat, il est bien entendu qu'ils exercent les mêmes prérogatives que le consul dont ils occupent momentanément le poste.

III. — Lorsque l'art. 5 confère le pouvoir disciplinaire aux capitaines de navire, comprend-il par cette expression les maîtres au cabotage ?

Il faut décider par l'affirmative.

En effet, l'art. 6 déclare que, pour l'exercice de ce pouvoir, les capitaines au long-cours auront la priorité

sur les maîtres au cabotage ; il montre, par cela même,
qu'en l'absence de capitaines au long-cours, les maîtres
au cabotage possèdent le droit de discipline.

IV. — Il résulte de l'article suivant que la qualifica-
tion de capitaine de navire du commerce commandant
sur les rades étrangères, désigne le plus âgé des capitaines de navire présents sur les lieux.

ART. 6. — Ce droit s'exerce de la manière suivante :

Lorsque le navire se trouve dans un port ou sur une rade de
France, ou dans un port d'une colonie française, le droit de
discipline appartient au commissaire de l'inscription maritime à
qui la plainte est adressée par le capitaine.

Sur les rades d'une colonie française, le droit de discipline
appartient au commandant du bâtiment de l'État présent sur
les lieux, ou, en l'absence de celui-ci, au commissaire de l'inscription maritime.

Le capitaine du navire adresse sa plainte à l'un ou à l'autre,
suivant le cas.

Les gouverneurs des colonies françaises détermineront, par
un arrêté, les limites entre la rade et le port.

Cet arrêté sera soumis à l'approbation du ministre de la marine.

Dans les ports et rades des pays étrangers, le droit de discipline appartient au commandant du bâtiment de l'État, ou, à
son défaut, au consul de France.

Le capitaine adresse sa plainte à l'un ou à l'autre, suivant le
cas.

En l'absence de bâtiments de l'État et à défaut de consul, le
droit de discipline appartient au plus âgé des capitaines de navire.

Les capitaines au long-cours auront toujours, à cet égard, la
priorité sur les maîtres au cabotage.

En mer et dans les lieux où il ne se trouve aucune des autorités mentionnées ci-dessus, le capitaine du navire prononce et fait appliquer les peines de discipline, sauf à en rendre compte dans le premier port où il aborde, soit au commissaire de l'inscription maritime, soit au commandant du bâtiment de l'État, soit au consul.

I. — Pour décider à qui appartient le pouvoir de punir une faute de discipline, il faut considérer dans quel lieu se trouve le navire lorsque cette faute est commise.

Le droit de discipline appartient,

En premier lieu, au commissaire de l'inscription maritime :

1° Dans un port ou une rade de France ; 2° dans un port d'une colonie française ; 3° en l'absence de bâtiment de l'État, dans une rade d'une colonie française ;

En second lieu, au commandant du bâtiment de l'État présent sur les lieux :

1° Dans les rades des colonies françaises ; 2° dans les ports et rades des pays étrangers ;

En troisième lieu, au consul de France,

A défaut de bâtiment de l'État, dans les ports et rades des pays étrangers ;

En quatrième lieu, au plus âgé des capitaines de navire,

En l'absence de bâtiment de l'État, ou à défaut de consul, dans les ports et rades des pays étrangers ;

En cinquième lieu, au capitaine de navire,

En mer et dans les lieux où il ne se trouve ni com-

missaire de l'inscription maritime, ni bâtiment de l'État,
ni consul, ni capitaine de navire plus âgé.

II. — Notons bien que, pour déterminer le rang de
priorité entre les capitaines de navire, pour l'exercice
du pouvoir disciplinaire, c'est uniquement l'âge et non
l'ancienneté de grade ou de service que l'on doit considérer.

Le capitaine de navire au long-cours l'emporte toujours sur le maître au cabotage. Si donc un capitaine
de navire se trouve dans un lieu où il n'y ait aucun
capitaine de navire plus âgé que lui, y eût-il des
maîtres au cabotage beaucoup plus âgés, il exerce lui-
même le pouvoir disciplinaire sur son navire.

III. — Lorsque, au moment où la faute est commise,
le navire se trouve dans un lieu où le capitaine ne possède pas le pouvoir disciplinaire, il doit adresser sa
plainte au fonctionnaire investi de ce pouvoir.

Cette plainte sera verbale et se fera en donnant connaissance à ce fonctionnaire de la mention de la faute
inscrite sur le livre de punition, afin qu'il annote, en
marge, la peine qu'il prononcera. (Art. 23.)

IV. — Lorsque le capitaine a infligé des peines disciplinaires, il doit en rendre compte, dans le premier
port où il aborde, au commissaire de l'inscription maritime, au commandant du bâtiment de l'État ou au
consul, c'est-à-dire à celui de ces fonctionnaires qui
exerce le pouvoir disciplinaire dans le port, d'après les

règles que nous venons d'établir. Il s'acquittera de cette
obligation en soumettant son livre de punition à ce
fonctionnaire, et celui-ci apposera son visa au bas de
la dernière mention inscrite sur le livre, afin de constater que cette formalité a été remplie.

Il y a lieu de remarquer que l'art. 23, dernier paragraphe, prescrit, d'un autre côté, de présenter le livre
au visa du commissaire de l'inscription maritime ou du
consul, suivant les cas, lorsqu'une faute de discipline
aura été commise dans l'intervalle compris entre le
dernier départ et l'arrivée ou relâche. Il résulte de là
que, lorsque le livre de punition aura dû être contrôlé
par le commandant du bâtiment de l'État, par application de l'art. 6, paragraphe final, il devra encore, en
vertu de l'art. 23, être soumis au visa du commissaire
de l'inscription maritime ou du consul.

Art. 7. — Dans tous les cas, et en quelque lieu que se trouve
le navire, le capitaine, maître ou patron, peut infliger les peines
de discipline prévues par l'art. 53 du présent décret, sans en
référer préalablement à l'une des autorités énoncées en l'art. 5,
mais à la charge par lui de leur en rendre compte dans le plus
bref délai possible.

On voit par là que, lors même que le navire se trouve
dans un lieu où le capitaine ne possède pas l'intégralité
du pouvoir disciplinaire, il peut encore infliger l'une
des légères pénalités indiquées par l'art. 53, à la charge
d'en rendre compte dans le plus bref délai possible.
Nous avons dit, sous l'article précédent, § iv, en quoi
consiste cette formalité.

Nous ferons observer que les peines indiquées par
l'art. 53 ne peuvent être infligées qu'aux matelots,
d'après les dispositions de l'art. 52, en sorte que l'exception établie par notre article n'a pas trait aux officiers
et aux passagers. A leur égard, le capitaine doit toujours se borner à requérir l'application des peines,
dans tous les lieux où un autre que lui exerce le pouvoir disciplinaire.

Art. 8. — En cas de conflit sur la compétence en matière de
discipline, il sera statué dans les ports et rades de France par
le préfet maritime de l'arrondissement, et dans les ports et rades
d'une colonie française par le gouverneur.

L'autorité saisie du conflit renverra l'affaire devant le fonctionnaire qui devra en connaître.

On appelle conflit le dissentiment qui existe entre
deux ou plusieurs autorités, lorsque chacune d'elles
réclame ou répudie la connaissance d'une affaire.

En matière disciplinaire, le conflit sera positif si
deux fonctionnaires prétendent, l'un et l'autre, avoir le
droit de connaître d'une faute de discipline, et de prononcer la peine qu'elle comporte.

Il sera négatif si chacun d'eux prétend que ce n'est
pas à lui à en connaître.

La loi charge le préfet maritime de l'arrondissement,
pour les ports et rades de France, et le gouverneur,
pour les colonies françaises, de vider le conflit et de
décider quel est le fonctionnaire qui devra exercer le
droit de discipline dans l'affaire.

CHAPITRE II.

De la Juridiction en matière de délits maritimes.

ART. 9. — Il est institué des tribunaux maritimes commerciaux.

Ces tribunaux connaissent des délits maritimes prévus dans le présent décret.

I. — Cet article institue les tribunaux maritimes commerciaux et fixe leur compétence. Ils connaissent uniquement des délits maritimes prévus par le décret.

L'article suivant règle l'étendue de la juridiction respective de ces mêmes tribunaux.

II. — Les tribunaux maritimes peuvent-ils connaître des actions civiles en réparation du dommage causé par un délit maritime ?

L'affirmative nous paraît devoir être adoptée.

L'art. 3 du Code d'instruction criminelle établit, en effet, la règle que l'action civile peut être poursuivie en même temps et devant les mêmes juges que l'action publique ; et il est généralement admis que cette disposition est applicable aux tribunaux spéciaux. Un avis du Conseil-d'État, du 17 floréal an XI, s'est expliqué de la manière suivante sur la compétence des tribunaux spéciaux, en ce qui concerne l'action civile :

« Les tribunaux spéciaux ayant été investis par la loi du droit de prononcer, sans recours en cassation, des peines afflictives ou infamantes, ont, à plus forte raison, le même droit lorsqu'il s'agit de simples intérêts civils. »

De plus, le décret dont nous nous occupons, art. 100, réglemente en même temps l'action publique et l'action civile, et montre ainsi que ses autres dispositions sont loin d'exclure cette dernière action ; et, dans l'art. 76, il attribue virtuellement juridiction aux tribunaux maritimes pour des indemnités civiles.

On voit donc qu'il résulte des principes généraux, et du décret lui-même, que les tribunaux maritimes commerciaux sont compétents pour connaître de l'action civile relative à un délit maritime.

Ainsi, toute personne lésée par un délit maritime aura la faculté de se porter partie civile dans la poursuite dirigée contre le prévenu, et de demander devant le tribunal maritime la réparation du dommage qu'elle aura éprouvé. Pour cela, elle devra manifester sa volonté à cet égard, soit dans la plainte formée par elle (voir sous les art. 24, 25, § III), soit par déclaration devant le juge rapporteur ou devant le président du tribunal, ou bien par acte signifié au prévenu, ou, enfin, par simples conclusions verbales prises à l'audience. (Code d'inst. crim., art. 64, 66, 67.)

La demande en réparation civile, portée devant le tribunal maritime, doit être formée avant le jugement sur le délit ; mais le tribunal peut, en prononçant la peine applicable au délit, surseoir à statuer sur les dommages-intérêts, et continuer, à cet effet, la cause à une autre audience qu'il indique.

Nous nous expliquerons, sous l'art. 28, § VIII, en

ce qui concerne la citation directe à la requête de la partie civile.

Nous donnons, dans la formule n° 26, le modèle d'un jugement dans lequel figure une partie civile.

Notons, au surplus, que la personne lésée pourrait également se rendre partie civile devant les tribunaux civils, après que le tribunal maritime aurait statué au sujet du délit. (Code d'inst. crim., art. 3.)

III. — L'inculpé qui serait l'objet d'une plainte ou d'une dénonciation calomnieuse, et qui, par suite, serait traduit devant un tribunal maritime, pourrait lui-même former, devant ce tribunal, une demande en dommages-intérêts contre le plaignant ou dénonciateur calomnieux. (Code d'inst. crim., art. 212, 366. Voir Cass., 14 thermidor an XII). Cette demande doit également être formée avant le jugement qui statue sur la prévention.

Une dénonciation est calomnieuse lorsqu'elle impute méchamment des faits faux.

L'auteur de la dénonciation pourrait être passible de dommages-intérêts, lors même qu'il n'apparaîtrait pas de malveillance de sa part, s'il y avait eu témérité dans l'accusation, si elle avait été faite légèrement et impru-demment.

Mais l'accusation fondée sur une erreur que les circonstances, la force des présomptions peuvent expliquer, ne saurait donner lieu à aucune réparation.

Il n'est pas nécessaire que le dénonciateur calomnieux soit partie au procès, par exemple qu'il soit partie civile, pour que des dommages-intérêts puissent être prononcés contre lui; il suffirait qu'il fût présent à l'audience après y avoir été appelé en qualité de témoin, ou même qu'il y assistât sans avoir été cité, s'il fournissait des défenses contre la demande du prévenu. (Cass., 23 juillet 1813, 31 mai 1816.) S'il n'était ni partie civile, ni présent à l'audience, le tribunal pourrait surseoir, pour statuer sur les dommages intérêts, jusqu'à ce qu'il eût été régulièrement cité devant lui.

Il y a lieu de remarquer que les dommages-intérêts alloués au prévenu n'empêcheraient pas le ministère public de poursuivre, devant le tribunal correctionnel, la répression du délit de dénonciation calomnieuse prévu et puni par l'art. 373 du Code pénal.

Disons aussi qu'après son acquittement, le prévenu qui n'aurait pas présenté sa demande en dommages-intérêts devant le tribunal maritime, pourrait l'intenter, soit devant le tribunal civil, soit devant le tribunal correctionnel. (Cass., 23 février 1838.)

IV. — Nous rappellerons ici qu'en matière de dommages-intérêts, les tribunaux doivent prendre pour base de leur appréciation le principe posé par l'article 1382 du Code Napoléon, aux termes duquel tout fait quelconque de l'homme qui cause à autrui un dommage, oblige celui par la faute duquel il est arrivé à le réparer.

Le préjudice moral demande une réparation non moins que le préjudice matériel; c'est sur ce principe,

particulièrement, que se fonde le droit à des dommages-
intérêts dans le cas de dénonciation calomnieuse.

En matière criminelle, les tribunaux sont souverains
appréciateurs des circonstances qui donnent lieu à des
dommages-intérêts. (Cass., 19 mars 1825.)

V. — Les dommages-intérêts sont recouvrables par
la voie de la contrainte par corps, encore bien qu'elle
n'ait pas été prononcée. (Code pénal, art. 52, loi du
16 décembre 1848.)

Le jugement doit déterminer la durée de cette contrainte dans les limites de six mois à cinq ans, lorsque
la condamnation excède 300 fr. (Lois du 17 avril 1832,
art. 39 et 40, et du 16 décembre 1848, art. 12). Si
le jugement ne contenait pas de fixation à ce sujet,
on admet que le débiteur jouirait du bénéfice du mi-
nimum.

Dans le cas où la condamnation est inférieure à 300
francs, la durée de la contrainte par corps est d'un mois,
si la condamnation n'excède pas 15 fr.; de deux mois,
si elle s'élève de 15 à 50 fr.; de quatre mois, lorsqu'elle est de 50 à 100 fr.; et de six mois, si elle excède
100 fr. Pour les condamnations de cette catégorie, cette
durée sera moitié moindre à l'égard des personnes qui
justifieraient de leur insolvabilité dans les formes prescrites par l'art. 420 du Code d'instruction criminelle.
(Lois du 17 avril 1832, art. 35, et du 13 décembre
1848, art. 8.)

VI. — Nous parlerons, sous l'art. 46, § III, de la

question d'enregistrement et de timbre à laquelle donne lieu une condamnation à des réparations civiles.

Art. 10. — Lorsque le navire se trouve dans un port ou sur une rade de France, ou dans un port d'une colonie française, la connaissance des délits appartient au tribunal maritime commercial présidé par le commissaire de l'inscription maritime du lieu.

Sur les rades des colonies françaises, la connaissance des délits appartient au tribunal maritime commercial présidé par le commandant du bâtiment de guerre présent sur les lieux, et, en son absence, au tribunal présidé par le commissaire de l'inscription maritime.

Dans les ports et sur les rades des pays étrangers, la connaissance des délits appartient au tribunal maritime commercial présidé par le commandant du bâtiment de l'État présent sur les lieux, et, en son absence, au tribunal présidé par le consul.

En cas de conflit sur la compétence, il sera statué comme il est dit à l'art. 8.

Cet article établit la juridiction respective des divers tribunaux maritimes.

Les règles qui, d'après l'art. 6, servent à fixer dans quels lieux le pouvoir disciplinaire appartient au commissaire de l'inscription maritime, au commandant du bâtiment de l'État ou au consul, sont absolument les mêmes que celles qui, dans le présent article, déterminent quel est le président du tribunal maritime qui doit connaître d'un délit maritime donné.

Ainsi, c'est le commissaire de l'inscription maritime :

1° Dans les ports et rades de France; 2° dans les ports des colonies françaises; 3° en l'absence de bâtiment de l'État, dans une rade d'une colonie française.

C'est le commandant du bâtiment de l'État présent sur les lieux :

1° Dans les rades des colonies françaises ; 2° dans les ports et rades des pays étrangers.

Enfin, c'est le consul de France, à défaut de bâtiment de l'État, dans les ports et rades des pays étrangers.

Ce sont, au surplus, également les mêmes règles qui, dans l'art. 26, désignent à quel fonctionnaire doit être remise la plainte du capitaine en matière de délits.

Lorsque le délit maritime se commet en mer, ou dans une localité étrangère où il ne se trouve ni bâtiment de l'État ni consul, nous verrons, sous l'art. 26, que la plainte doit être remise au président du tribunal maritime qui a droit de juridiction dans la première rade ou le premier port où le navire aborde, et c'est ce tribunal qui connaîtra du délit.

Il y a lieu de noter que jamais un tribunal maritime ne peut être présidé par un capitaine de navire.

Cette présidence ne peut pas non plus appartenir aux vice-consuls ou agents consulaires (Rapport de M. le Ministre de la marine), mais elle pourrait appartenir à l'intérimaire d'un consulat.

Art. 11. — La connaissance des délits communs non prévus par le présent décret appartient au tribunal correctionnel de l'arrondissement où se trouve le navire, ou du premier port français où il aborde.

Cet article est relatif aux délits communs. Il dispose que, si un délit de cette nature s'accomplit dans l'arrondissement d'un tribunal correctionnel, c'est ce tribunal qui en doit connaître.

Aux colonies, ces délits sont également jugés par le tribunal correctionnel dans le ressort duquel ils se commettent.

Quant à ceux qui sont commis en mer, la connaissance en appartient au tribunal correctionnel du premier port de France ou des colonies où le navire aborde.

L'art. 26 trace les devoirs des commissaires de l'inscription maritime lorsqu'ils sont informés d'un délit commun. Si le navire, avant d'arriver à un port de France ou des colonies, aborde à un port étranger, nous verrons, sous le même article, quelles sont les obligations du commandant du bâtiment de l'État ou du consul auquel la plainte est remise.

CHAPITRE III.

Organisation des Tribunaux maritimes commerciaux.

ART. 12. — Sur un bâtiment de l'État, le tribunal maritime commercial est composé de cinq membres, savoir :

Le commandant du bâtiment, *président*.

Juges.
- L'officier de vaisseau le plus élevé en grade après le second, ou, à défaut, le second lui-même ;
- Le plus âgé des capitaines ;
- Le plus âgé des officiers ;
- Et le plus âgé des maîtres d'équipage

des navires du commerce présents sur les lieux.

Le tribunal ne se réunit qu'avec l'autorisation du commandant de la rade.

Cet article détermine la composition du tribunal maritime à bord d'un bâtiment de l'État, lorsqu'il se trouve sur les lieux d'autres navires de commerce que celui auquel appartient l'inculpé.

On remarque que deux des membres du tribunal sont pris dans la marine militaire, et les trois autres dans la marine marchande.

Le commandant désigne, d'après les règles fixées par cet article, les différents membres du tribunal.

En cas d'empêchement de l'un deux, il nommerait, pour le remplacer, celui qui viendrait immédiatement après, eu égard aux conditions voulues.

L'autorisation du commandant de la rade est une mesure d'ordre prescrite comme préalable à la réunion du tribunal. (Voir form. n° 15.)

Il y a lieu de remarquer que c'est d'après l'âge et non d'après l'ancienneté que sont désignés les juges appartenant à la marine marchande; ceux qui font partie de la marine militaire sont choisis, au contraire, d'après leur ancienneté de grade, comme nous le voyons par l'article suivant.

Art. 13. — S'il n'y a pas sur les lieux d'autre navire du commerce que celui à bord duquel se trouve l'inculpé, le tribunal sera composé de la manière suivante, savoir :

Le commandant du bâtiment de l'État, *président*.

Juges. { Les deux plus anciens officiers de vaisseau après le commandant ;
Le plus ancien second maître ;
Un officier ou un matelot du navire où le délit a été commis.

Si le navire de commerce auquel appartient l'inculpé est le seul qui se trouve sur les lieux, la composition du tribunal à bord du bâtiment de l'État est modifiée de la manière indiquée par notre article.

Aвт. 14. — Dans un port de France ou d'une colonie française, le tribunal maritime commercial sera composé de cinq membres, savoir :

Le commissaire de l'inscription maritime, *président*.

Juges. {
Un juge du tribunal de commerce, ou, à défaut, le juge-de-paix ;

Le capitaine, le lieutenant ou le maître du port ;

Le plus âgé des capitaines au long-cours valides présents sur les lieux ;

Le plus âgé des maîtres d'équipage des navires du commerce, ou, à défaut, le plus âgé des marins valides présents sur les lieux, et ayant rempli ces fonctions.
}

Le juge du tribunal de commerce sera désigné par le président de ce tribunal.

Dans les colonies où le capitaine de port sera supérieur en grade au commissaire de l'inscription maritime, ou plus ancien que lui dans le même grade, ce capitaine sera remplacé par l'agent qui le suivra immédiatement dans l'ordre du service.

Le capitaine au long-cours et le maître d'équipage seront désignés par le commissaire de l'inscription maritime.

Le tribunal ne se réunit qu'avec l'autorisation du chef du service maritime présent sur les lieux.

Cet article détermine quels sont les membres du tribunal dans un port de France ou d'une colonie française.

Le commissaire de l'inscription maritime adresse une requête au président du tribunal de commerce, afin d'obtenir qu'il désigne le juge de ce tribunal qui devra

entrer dans la composition du tribunal maritime commercial. (Voir form. n° 14.)

Cette désignation pourra se faire, au commencement
de l'année, pour l'année entière. En cas d'empêchement
de ce juge, le commissaire de l'inscription maritime
devra, soit demander au président du tribunal de commerce la nomination d'un autre juge pour le remplacer
momentanément, soit requérir le juge-de-paix de siéger
pendant son absence.

Dans les lieux où il n'existe pas de tribunal de commerce, la fonction de juge appartient au juge-de-paix.

En cas d'empêchement du juge-de-paix, son sup-
pléant pourrait être appelé à faire partie du tribunal.

D'après la disposition finale de l'art. 14, l'autorisation
du chef de service présent sur les lieux doit précéder
la réunion du tribunal (form. n° 15); mais si le commissaire de l'inscription maritime se trouve hors de la résidence du chef de service, ou que ce dernier soit absent,
on doit induire des termes de cet article qu'il n'a besoin
d'aucune autorisation pour effectuer cette réunion.

Art. 15. — Dans un port étranger et en l'absence d'un bâtiment de guerre français, le tribunal maritime commercial sera
composé de cinq membres, savoir :

Le consul de France, *président.*

Juges. { Le plus âgé des capitaines au long-cours présents sur
les lieux ;
Le plus âgé des officiers des navires du commerce
présents sur les lieux ;
Un négociant français désigné par le consul ;
Le plus âgé des maîtres d'équipage des navires du commerce présents sur les lieux.

Cet article règle la composition du tribunal dans un port étranger, et en l'absence d'un bâtiment de l'État. Le consul est chargé de le présider.

Il pourrait arriver qu'il ne se trouvât sur les lieux aucun autre navire de commerce que celui auquel appartient l'inculpé. Dans ce cas, il est manifeste que le tribunal ne saurait se constituer. Il n'y aurait, en effet, aucun capitaine qui pût en faire partie, car celui du navire est exclu par l'art. 18 ; le tribunal se trouverait ainsi manquer d'un des juges nécessaires pour le composer. Ce sera donc au tribunal maritime du premier port ou de la première rade où le navire abordera ensuite, que l'affaire devra être portée.

Nous avons dit, sous l'art. 10, que les vice-consuls ou agents consulaires ne peuvent présider un tribunal maritime.

Art. 16. — Le président désigne le membre du tribunal qui doit remplir les fonctions de rapporteur.

Le rapporteur est le juge chargé de compléter l'instruction de l'affaire, comme nous le verrons sous l'article 28.

Art. 17. — Les fonctions de greffier sont remplies, sur un bâtiment de l'État, par l'officier d'administration ;

Dans un port de France ou d'une colonie française, par le commis, ou, à défaut, par l'écrivain de marine le plus ancien ;

Dans un port étranger, par le chancelier, ou, à défaut, par un employé du consulat.

L'art. 17 détermine qui doit remplir les fonctions de greffier dans les différentes circonstances qui peuvent se présenter.

Art. 18. — Ne peuvent faire partie d'un tribunal maritime commercial :

1° Le capitaine qui a porté la plainte ;

2° Toute autre personne embarquée sur le navire, si elle est offensée, lésée ou partie plaignante.

Cet article a pour but d'assurer une plus grande impartialité de la part des juges qui composeront le tribunal. C'est dans cette vue que l'on exclut le capitaine qui a porté la plainte, c'est-à-dire le capitaine du navire où le délit a été commis, et toutes les personnes, officiers, matelots ou autres, qui ont eu à souffrir du délit. On devra aussi, autant que possible, éviter d'admettre au nombre des juges l'officier qui a fait le rapport. Il ne peut pas faire partie du tribunal, si c'est contre lui que le délit a eu lieu ; dans ce cas, en effet, il est dans la catégorie des personnes lésées par le délit.

Art. 19. — Le président du tribunal maritime commercial devra être âgé de vingt-cinq ans, et les autres membres de vingt-un ans au moins.

Cet article fixe l'âge des membres du tribunal ; le président devra avoir au moins vingt-cinq ans ; les juges et le greffier devront en avoir au moins vingt-un.

Art. 20. — Les parents ou alliés, jusqu'aux degrés d'oncle et

de neveu inclusivement, ne peuvent être membres du même
tribunal maritime commercial.

La disposition de cet article s'applique au greffier,
qui ne doit pas être parent ou allié de l'un des juges ou
du président au degré prohibé. (Loi du 20 avril 1810,
art. 63.)

Art. 21. — La parenté, aux degrés fixés par l'article précédent, de l'un des membres du tribunal avec le prévenu ou l'un
des prévenus, est une cause de récusation.

D'après la loi générale, la parenté ou l'alliance rend
le juge récusable jusqu'au degré de cousin issu de ger-
main ; notre article contient une dérogation à cette
règle en les restreignant au degré d'oncle et de neveu.

Indépendamment de cette cause de récusation, l'article
378 du Code de procédure civile en établit plusieurs
autres que l'on doit admettre dans la matière qui nous
occupe ; nous nous bornons à y renvoyer.

S'il y avait une partie civile (voir nos observations
sous l'art. 9), un juge pourrait être récusé, s'il était avec
elle au degré de parenté ou d'alliance prévu par l'article
21, ou s'il se trouvait vis-à-vis d'elle dans une des circonstances indiquées par l'art. 378 du Code de procédure combiné avec notre art. 21.

Le juge qui connaît une cause de récusation en sa
personne doit être le premier à la déclarer au tribunal,
qui décide s'il doit s'abstenir. (Code de procédure, article 380.)

Ajoutons aux motifs de récusation dont nous venons

do parler, les prohibitions établies par les art. 18 et 20.

Le prévenu et la partie civile peuvent, chacun de son côté, récuser les juges qui se trouveraient dans un des cas déterminés par la loi ; et, lorsque leur réclamation à cet égard sera fondée, le tribunal y fera droit en ajournant l'affaire à une autre audience, afin que le président désigne un nouveau juge pour remplacer celui qui aura été récusé.

Les causes de récusation doivent être proposées avant toute défense au fond, c'est-à-dire avant que les parties n'aient commencé à développer leurs moyens dans leur intérêt respectif. (Code de procédure, art. 382; Code d'inst. crim., art. 543.)

CHAPITRE IV.

De la Juridiction en matière de crimes maritimes.

ART. 22. — Les tribunaux ordinaires connaissent des crimes maritimes prévus par le présent décret.

Cet article dispose que les crimes maritimes sont, comme les crimes du droit commun, de la compétence des tribunaux ordinaires, c'est-à-dire des cours d'assises.

Nous verrons, sous les art. 49 et suivants, la manière de procéder quand il s'agit de crimes.

TITRE II.

DE LA FORME DE PROCÉDER.

Nous avons présenté, sous les art. 1 et 2, quelques observations générales au sujet de la distinction entre les diverses natures d'infractions, et de la manière de procéder que le capitaine doit suivre à l'égard de chacune d'elles. Il est utile de s'y reporter.

CHAPITRE I.

De la forme de procéder en matière de fautes de discipline.

Art. 23. — Le capitaine tiendra un livre spécial, dit *livre de punition*, sur lequel toute faute de discipline sera mentionnée par lui ou par l'officier de quart.

L'autorité qui aura statué inscrira sa décision en marge.

Le capitaine annotera de la même manière, sur le livre de punition, toutes les peines de discipline infligées pendant le cours du voyage.

Le livre de punition sera coté et paraphé par le commissaire de l'inscription maritime du port d'armement du navire. Il sera remis au commissaire de l'inscription maritime du port où le navire sera désarmé administrativement.

Le livre de punition sera présenté au visa du commissaire de l'inscription maritime ou du consul, suivant le cas, lorsqu'une faute de discipline aura été commise dans l'intervalle compris entre le dernier départ et l'arrivée ou la relâche.

I. — Le capitaine tient un livre de punition sur lequel toutes les fautes de discipline sont mentionnées par lui ou par l'officier de quart. (Form. n° 1.)

Nous avons dit, sous les art. 6 et 7, dans quels cas le pouvoir disciplinaire appartient au capitaine, et dans quelles circonstances il est exercé par d'autres fonctionnaires.

II. — Le capitaine ou le fonctionnaire qui inflige une peine disciplinaire, inscrit sa décision en marge de la mention de la faute de discipline. On doit laisser, sur le livre, une marge d'une demi-page, pour que cette disposition puisse être observée. (Form. n° 2.)

S'il n'y a pas lieu d'infliger de punition, par exemple dans le cas où l'auteur de la faute présenterait une excuse suffisante, il faudra le constater de la même manière. (*Idem.*)

En général, le fonctionnaire auquel le capitaine aura porté plainte (voir sous l'art. 6, § III), appliquera la peine requise par ce dernier. On doit, en effet, accorder une large part à son appréciation en ce qui touche les nécessités de la discipline à son bord.

III. — Nous verrons, sous les art. 24 et 25, rapprochés de l'art. 19, que le livre de punition sert encore à mentionner les délits et les crimes, ainsi que les procès-verbaux dressés à l'occasion de ces délits et de ces

crimes; et l'art. 47 prescrit d'y transcrire les jugements
de condamnation.

IV. — Le livre de punition est coté et paraphé, sur
chaque feuillet, par le commissaire de l'inscription maritime du port d'armement. Cette formalité a pour but
d'empêcher qu'on ne puisse faire disparaître, par le
retranchement d'un feuillet, la trace des infractions qui
y sont mentionnées.

A l'arrivée dans le port de désarmement administratif, il est remis au commissaire de l'inscription maritime.

V. — Nous avons vu, sous l'art. 6, § iv, comment
doit se combiner la disposition finale de notre article
avec celles des art. 6 et 7 sur l'obligation imposée au
capitaine de rendre compte des peines de discipline
qu'il inflige.

VI. — Le capitaine qui négligerait les diverses formalités prescrites par le décret relativement au livre
de punition, serait passible des pénalités édictées par
l'art. 48.

CHAPITRE II.

De la forme de procéder en matière de délits maritimes.

Nous exposons ici quelques principes de droit inter-
national, qui sont un préambule nécessaire aux dispositions que nous allons examiner.

Lorsqu'un délit est commis à terre, le coupable est toujours justiciable des tribunaux du pays.

Quant aux délits qui se commettent à bord, il faut distinguer :

S'ils affectent un homme de l'équipage ou d'un autre navire français, l'autorité locale n'en connaît pas; il s'agit alors de discipline intérieure du navire, dans laquelle elle ne doit pas s'ingérer, à moins que son secours ne soit réclamé ou que la tranquillité du port ne soit compromise. (Avis du Conseil-d'État du 20 novembre 1820; ordonnance du 29 octobre 1833, art. 22.)

S'ils affectent une personne qui n'appartienne ni au navire, ni à un autre équipage français, l'autorité locale a le droit d'en connaître. *(Idem.)*

Toutes les fois que l'autorité du pays se sera saisie d'un délit ou d'un crime qui rentre dans sa juridiction, d'après les règles que nous venons d'indiquer, il est manifeste qu'il n'y aura lieu d'observer aucune des formalités prescrites par les articles qui suivent; le capitaine devra seulement faire mention, sur son livre de bord, de ce qu'il aura appris relativement à l'infraction, à l'arrestation du prévenu et à sa condamnation.

Mais il pourrait arriver que l'autorité locale négligeât d'instruire au sujet d'un délit, bien qu'il fût commis hors du bord. Le coupable ne devrait pas, pour cela, rester impuni, et il y aurait lieu de remplir, comme dans les cas ordinaires, les formalités dont nous allons nous occuper.

Si l'autorité locale faisait quelques tentatives pour connaître d'un délit qui ne serait pas de sa compétence, le consul devrait, d'après les prescriptions de l'art. 22 de l'ordonnance du 29 octobre 1833, réclamer contre ces tentatives. On pourrait alors faire les actes d'information, en même temps qu'on se livrerait à des démarches auprès du pouvoir du pays pour retenir l'affaire. De la sorte, on éviterait de perdre des indices utiles pour le cas où ces démarches réussiraient et où la juridiction française viendrait plus tard à être saisie.

Art. 24. — Aussitôt qu'un délit a été commis à bord, le rapport en est fait au capitaine par le second ou l'officier de quart.

Si le délit a été commis hors du bord, le second en fait le rapport au capitaine.

Si le délit a été commis en présence du capitaine et en l'absence du second et de l'officier de quart, ou s'il parvient à la connaissance du capitaine sans qu'il lui ait été signalé par un rapport de l'un de ces deux officiers, il constate lui-même ce délit.

Les circonstances du délit sont toujours mentionnées sur le livre de punition.

Art. 25. — Le capitaine, assisté, s'il y a lieu, de l'officier qui a fait le rapport et qui remplit les fonctions de greffier, procède ensuite à une instruction sommaire, reçoit la déposition des témoins à charge et à décharge, et dresse procès-verbal du tout.

Le procès-verbal est signé des témoins, du capitaine et de l'officier faisant fonctions de greffier.

Mention de ce procès-verbal est faite sur le livre de punition.

Nous réunissons ces deux articles parce que leur liaison intime demande qu'ils soient expliqués simultanément.

Les dispositions qu'ils renferment sont applicables non-seulement aux délits maritimes, mais encore aux délits ordinaires et aux crimes. (Art. 49.)

I. — Aux termes de l'art. 24, lorsqu'un délit se commet à bord, le second ou l'officier de quart doit, sur le champ, en faire le rapport au capitaine.

Notons que, si un délit est commis en présence du capitaine, et en présence également du second ou de l'officier de quart, il en doit encore être fait un rapport au capitaine par celui de ces deux officiers qui est présent; et s'ils sont présents tous les deux, par le second.

En conséquence, aussitôt que l'un de ces deux officiers est témoin d'un délit, ou qu'il en a connaissance, il recueille les dires des témoins à titre de renseignements, saisit les pièces de conviction pour les remettre au capitaine, et fait un rapport sur le tout. (Form. n° 4.)

Si le délit est commis hors du bord, c'est le second qui en fait le rapport.

II. — Lorsqu'un rapport est remis au capitaine, celui-ci, assisté d'un greffier, se transporte sur les lieux s'il le juge utile, et se livre aux diverses opérations que nous allons indiquer sous le paragraphe suivant.

III. — Il est des cas où le capitaine constate lui-même le délit, c'est lorsqu'il est commis en sa présence et que le second et l'officier de quart sont absents, ou bien encore lorsqu'il en est informé par une autre voie que par le rapport d'un de ces officiers.

S'il est témoin du délit en l'absence du second ou de l'officier de quart, il constate ce délit, fait des perquisitions s'il y a lieu, saisit les pièces de conviction, fait, au besoin, arrêter le prévenu (voir ce que nous disons à ce sujet sous l'art. 98), entend les dires des témoins et de l'inculpé, et dresse procès-verbal du tout. (Form. n° 6.) Et il doit ensuite, si l'affaire le comporte, procéder à une information plus complète, comme nous le dirons plus bas.

Quelquefois, le capitaine est informé d'un délit au moyen de la dénonciation qui lui est faite par une personne qui en a connaissance, ou de la plainte qui lui est portée par la personne qui en a souffert; dans ce cas, il dresse procès-verbal de la dénonciation ou de la plainte (form. n° 5) et se livre ensuite, avec l'assistance d'un greffier, aux constatations et aux informations nécessaires. (Form. n° 7, § II.)

Il peut se faire que la dénonciation ou la plainte soit écrite; alors il en constate la réception par un procès-verbal sommaire (form. n° 5, § III), et procède après de la même manière.

Si le capitaine reçoit avis d'un délit qui s'accomplit, de telle sorte qu'il puisse surprendre le coupable en flagrant délit, ou que sa présence soit utile pour empêcher les faits de devenir plus graves, ou s'il y a urgence d'en faire arrêter l'auteur, il ne s'occupe pas, bien entendu, de dresser un procès-verbal de dénonciation; il se rend sur les lieux, prend les mesures qu'il croit nécessaires, recueille les dires des témoins, et notamment de l'auteur de la dénonciation ou de la plainte, et dresse procès-verbal du tout. (Form. n° 6, § II.)

IV. — Lorsque des pièces de conviction seront remises au capitaine ou saisies par lui, il devra, en général, les clore dans une enveloppe cachetée, si faire se peut, et l'on mentionnera sur cette enveloppe, d'une manière très-sommaire, la nature de l'objet et les circonstances dans lesquelles il a été saisi ; sinon, on y attachera une étiquette, qui, pour plus de précaution, pourra être scellée à la cire, et qui sera revêtue d'une semblable mention. (Code d'inst. crim., art. 38.) Ces mentions seront signées par le capitaine et par le greffier s'il y en a un ; le prévenu sera également requis de les signer. (Voir form. n° 6 et 7.)

V. — Le greffier doit être l'officier qui a fait le rapport ; en cas d'empêchement de cet officier, ou s'il n'y a pas eu de rapport, ce serait toute autre personne du bord sachant écrire.

VI. — Pour les délits graves, le capitaine, même après un premier procès-verbal de constatation, doit procéder à l'information avec l'assistance du greffier, en observant toutes les règles du droit. (Form. n° 8.)

Parlons d'abord de l'audition des témoins.

Le capitaine les fait comparaître devant lui, leur expose, en peu de mots, l'objet de la prévention qui pèse sur l'inculpé ; puis il les fait retirer, à l'exception de celui qui sera appelé à déposer le premier ; après sa déposition, le témoin sort et un second lui succède.

Le capitaine ordonne à chaque témoin de lever la main, et lui demande : Jurez-vous de dire toute la vérité, rien que la vérité? Le témoin répond : Je le jure.

Il demande ensuite au témoin ses nom, prénoms, profession, âge, lieu de naissance, domicile ou lieu d'inscription ; puis, s'il est parent ou allié du prévenu, et il constate ses réponses. L'art. 34 défend d'entendre comme témoins les ascendants et descendants, frères et sœurs ou alliés au même degré. En conséquence, si la personne qui comparaît était dans l'une de ces catégories, elle ne pourrait être entendue comme témoin.

Le capitaine dit au témoin de déclarer ce qu'il sait au sujet des faits reprochés au prévenu ; il lui adresse toutes les questions qu'il juge utiles.

Il n'est pas nécessaire de reproduire servilement les réponses des témoins. Lorsqu'elles sont incorrectes ou trop longues, le capitaine les résume dans les parties qui ont trait à l'accusation, et dicte le résumé au greffier, qui l'écrit.

Chaque déposition est signée, tant par le témoin que par le capitaine et le greffier, après que le témoin a déclaré y persister. Si le témoin ne peut ou ne veut signer, il en est fait mention. S'il veut apporter des modifications à sa déclaration, telle qu'elle a d'abord été écrite, on constate ces changements.

Le capitaine procède, soit avant la déposition des témoins, soit après, à l'interrogatoire du prévenu. Il lui demande ses nom, prénoms, profession, âge, lieu de nais-

sance et domicile ou lieu d'inscription; puis il lui expose
l'objet de la prévention qui pèse sur lui, et lui demande ce
qu'il a à dire pour sa justification ; il lui adresse telles
questions qu'il juge nécessaires. On suit les règles que
nous venons d'indiquer, en ce qui concerne la reproduction des réponses, la dictée au greffier, la signature,
et les changements que le prévenu peut vouloir apporter.

Les objets saisis comme pièces de conviction sont
représentés aux témoins et au prévenu, et ils sont
requis de déclarer s'ils les reconnaissent.

Le prévenu pourra être confronté avec les témoins.
On mentionnera les réponses et les observations des
uns et des autres. (Form. n° 8, § III.)

Le capitaine entendra les témoins et le prévenu à
diverses reprises, s'il le croit utile pour compléter l'instruction.

VII. — Le mode de procéder que nous venons de
tracer est celui que l'on doit suivre en matière de délits
graves.

Pour les délits de peu d'importance, le capitaine pro-
cèdera très-sommairement, sans qu'il soit nécessaire de
faire prêter serment aux témoins; parfois même, il
groupera leurs déclarations lorsqu'elles seront semblables.

De plus, pour les faits très-simples ou peu graves,
il peut arriver que le procès-verbal de constatation
suffise et qu'il n'y ait pas lieu à un procès-verbal d'information avec l'assistance du greffier. Le rapport même
est suffisant lorsque le prévenu est absent et qu'il n'y

a pas de témoins à entendre. On voit souvent, même devant les tribunaux correctionnels, qu'une affaire arrive à l'audience sans qu'il y ait d'autre pièce de procédure que le procès-verbal de l'agent de la force publique qui a constaté le fait.

VIII. — Nous avons dit que l'art. 34 indique les personnes qui ne doivent pas être entendues comme témoins. Cependant, si cela paraît utile, on recueillera leurs déclarations à titre de renseignements.

On peut recevoir le témoignage du dénonciateur ou du plaignant.

Lorsqu'un témoin appelé par le capitaine refuse de déposer ou ne comparaît pas, le capitaine en dresse un procès-verbal qu'il remet ensuite au président du tribunal maritime; et celui-ci lui inflige une amende et prend des mesures que nous indiquons sous l'art. 28, § IV.

IX — On doit mentionner sur le livre de punition :

En premier lieu, les circonstances du délit. (Form. nº 9);

En second lieu, le procès-verbal d'information. (Form. nº 10.)

X. — Il importe que les officiers remplissent strictement l'obligation que l'art. 24 leur impose, de faire un rapport lorsqu'un délit est commis; leur négligence, à cet égard, les exposerait aux pénalités prononcées par l'art. 86.

Le capitaine lui-même, s'il ne satisfaisait pas aux prescriptions des art. 24 et 25, et à celles de l'art. 26 que nous allons expliquer, pourrait être soumis aux peines déterminées par l'art. 48.

ART. 26. — Si les faits se sont passés dans un port ou sur une rade de France, ou dans un port d'une colonie française, le capitaine adresse sa plainte et les pièces du procès au commissaire de l'inscription maritime, dans les trois jours qui suivent celui où le délit a été constaté ; s'ils se sont passés sur la rade d'une colonie française, il l'adresse dans le même délai au commandant du bâtiment de l'État présent sur les lieux, ou, en l'absence de celui-ci, au commissaire de l'inscription maritime ; s'ils se sont passés à l'étranger, il l'adresse au commandant du bâtiment de l'État présent sur les lieux, ou, à défaut, au consul de France. Si le délit a été commis soit en mer, soit dans une localité étrangère où il n'y ait ni bâtiment de l'État ni consul de France, le capitaine remet sa plainte, dans le premier port où il aborde, soit au commissaire de l'inscription maritime, soit au commandant du bâtiment de l'État, soit au consul, suivant qu'il y a lieu, en se conformant aux dispositions du présent article.

Lorsque les faits rentrent dans la catégorie des délits communs non prévus par le présent décret, et sont, en conséquence, réservés aux tribunaux ordinaires, le commissaire de l'inscription maritime ou le commandant du bâtiment de l'État qui a reçu la plainte la transmet au procureur impérial du lieu.

I. — Cet article détermine à quelle autorité le capitaine doit remettre les pièces relatives à un délit et la plainte qu'il doit dresser.

Cette plainte est un exposé sommaire du fait, avec l'indication des pièces de la procédure et des pièces de conviction, et la désignation des témoins. (Form. n° 11.)

Si le navire est dans un port ou une rade, le capitaine remet tout les documents du procès au commissaire de l'inscription maritime, au commandant du bâtiment de l'État, ou au consul, suivant les circonstances. La distinction qu'il doit suivre, à cet égard, est la même que celle qui est établie par l'art. 6 pour l'attribution du pouvoir disciplinaire, et par l'art. 10 pour la présidence du tribunal maritime.

Il a un délai de trois jours à partir de celui où le délit a été constaté, c'est-à-dire à partir du jour où il y a eu rapport, plainte, dénonciation ou procès-verbal de constatation. Ce délai est donné au capitaine pour lui permettre de faire la procédure qui lui est prescrite.

Si le délit est commis en mer ou dans un lieu où il ne se trouve aucune autorité française à qui la plainte doive être remise, le capitaine, à son arrivée dans un port ou dans une rade, la déposera entre les mains de l'un des fonctionnaires indiqués plus haut, en suivant les distinctions dont nous venons de parler. Et il faut observer, à cet égard, que, bien que l'article ne parle que du port d'arrivée, cela doit s'entendre également de la rade où l'on aborde; en effet, il y est dit que le commandant du bâtiment de l'État qui a reçu la plainte la transmet au procureur impérial du lieu lorsqu'il s'agit d'un délit commun; or, la rade d'une colonie française est le seul endroit où, en même temps, cet officier ait qualité pour recevoir la plainte, et puisse la transmettre au procureur impérial du lieu.

Lorsqu'au moment de l'arrivée, il s'est écoulé plus

de trois jours depuis la constation du délit, le capitaine ayant eu le temps de faire la procédure, n'aura plus un semblable délai pour déposer les pièces, car il lui serait inutile. Ce dépôt devra être fait dans les vingt-quatre heures.

II. — Lorsqu'une plainte est remise par le capitaine au président du tribunal, celui-ci a, comme le ministère public dans les affaires ordinaires, un pouvoir d'appréciation; il peut ne diriger aucune poursuite, si la plainte lui paraît mal fondée, ou si, à ses yeux, le fait ne constitue pas un délit, ou, encore, s'il n'apparaît aucun indice, aucune trace propre à faire découvrir le coupable.

Mais, toutes les fois qu'il paraîtra y avoir eu délit, et que le coupable ne sera pas complètement inconnu, le président devra poursuivre; c'est pour lui un devoir impérieux. La négligence, à cet égard, serait éminemment coupable; elle aurait pour résultat de compromettre l'autorité du capitaine et l'intérêt de la discipline. Ce serait aller contre le but que s'est proposé le législateur en édictant le décret du 24 mars 1852.

III. — Si le délit n'est pas prévu par le décret et rentre ainsi dans la catégorie des délits communs, il doit être déféré aux tribunaux ordinaires. En conséquence, le commissaire de l'inscription maritime ou le commandant du bâtiment de l'État qui a reçu la plainte, doit, aux termes de notre article, la transmettre au procureur impérial du lieu.

Mais cette disposition se réfère uniquement au cas

où le capitaine remet sa plainte dans un port ou une rade de France, ou d'une colonie française.

Qu'arrivera-t-il si le capitaine a dû remettre sa plainte au commandant d'un bâtiment de l'État ou à un consul en pays étranger ?

L'ordonnance royale sur les fonctions des consuls, du 29 octobre 1833, art. 15, dispose que « si la gravité du délit ou la sûreté de l'équipage a forcé le capitaine à ne pas laisser les prévenus en état de liberté, le consul prendra telles mesures qu'il appartiendra pour les faire traduire devant les tribunaux français. »

C'est dire que le fonctionnaire auquel la plainte est remise possède un pouvoir d'appréciation. Nous pensons qu'en cette matière, ce fonctionnaire devra prendre pour guide, par analogie, la disposition de l'art. 44 du décret; cet article ordonne l'envoi en France de quiconque est condamné à une peine de trois mois d'emprisonnement; de même, il y aura lieu d'envoyer dans un port français, par la première occasion favorable, tout homme inculpé d'un délit qui paraîtrait de nature à entraîner une semblable pénalité. Dans l'intérêt du prévenu, ce port devra être, autant que possible, le plus voisin où se trouve un tribunal correctionnel, soit en France, soit aux colonies. (Form n° 13 *bis.*)

Notons que, aussitôt que la plainte lui est remise, le commandant du bâtiment de l'État ou le consul fait compléter l'instruction, s'il est nécessaire, ainsi que le prescrit l'art. 51 à l'égard des crimes, et il expédie les pièces du procès par le navire qui transporte le prévenu.

Jusqu'à ce qu'une occasion se présente de le faire diriger sur le port où il devra être jugé, l'inculpé sera détenu à bord du bâtiment de l'État, ou bien, par les autorités locales, sur la réquisition qui leur en sera faite, ou même à bord d'un navire quelconque du port.

Si le délit est peu grave, le commandant du bâtiment de l'État ou le consul agira ainsi qu'il jugera convenable ; il pourra, soit mettre le prévenu en liberté immédiatement, pour qu'il soit jugé à son retour en France ou dans une colonie française, soit le détenir préventivement, pendant quelque temps, jusqu'à ce qu'il ait pris une décision à son égard.

Le consul, dans tous les cas, doit rendre compte de l'affaire, savoir : pour ce qui concerne les marins, au ministre de la marine ; et pour les passagers, au ministre des affaires étrangères. (Ordonnance du 29 octobre 1833, art. 15.) Il nous paraît que le commandant du bâtiment de l'État doit également rendre compte au ministre de la marine, qui fera parvenir à son collègue, s'il y a lieu, les renseignements qui lui seront donnés.

Art. 27. — Lorsque le prévenu d'un des délits énoncés dans le présent décret sera le capitaine du navire, les poursuites auront lieu, soit sur la plainte des officiers et marins de l'équipage ou des passagers, soit d'office.

Dans le premier cas, la plainte sera portée dans les délais prescrits par l'art. 26 au commissaire de l'inscription maritime, au commandant du bâtiment de l'État ou au consul, suivant les circonstances prévues par cet article.

I. — Il peut arriver que le capitaine lui-même com-

mette un délit. Dans ce cas, la personne lésée adresse
sa plainte au commissaire de l'inscription maritime, au
commandant du bâtiment de l'État ou au consul, suivant les circonstances prévues par l'art. 26. Le fonctionnaire compétent dresse procès-verbal de la plainte ;
puis il charge le rapporteur de procéder à une information, ou bien encore il peut appeler le capitaine
devant le tribunal sans information préalable.

Nous indiquons, sous l'art. 24, § III, la forme d'un
procès-verbal dressé à l'occasion d'une plainte, et, sous
l'art. 28, § II, le mode que doit suivre le rapporteur
pour procéder à une information.

Celui des fonctionnaires désignés par notre article
qui reçoit avis d'un délit commis par le capitaine, peut,
même sans qu'il y ait eu plainte préalable, exercer des
poursuites contre lui.

S'il s'agissait d'un délit commun, on devrait procéder
ainsi que le prescrit l'art. 26 à l'égard des délits de
cette nature.

II. — Le fonctionnaire saisi d'une plainte contre le
capitaine devra-t-il nécessairement le poursuivre ?

Non certainement. Il possède, à cet égard, une faculté
d'appréciation comme le ministère pubic en matière
ordinaire. Nous nous sommes déjà expliqué à ce sujet
sous l'article précédent, § II.

III. — Notons que l'expiration du délai de trois jours
fixé par notre article n'emportera pas rigoureusement
déchéance du droit de porter la plainte ; seulement, ce

retard pourrait être un des motifs qui détermineraient le fonctionnaire à n'y pas donner suite.

IV. — Le capitaine qui aurait été l'objet d'une plainte calomnieuse ou téméraire pourra, si l'affaire est déférée au tribunal maritime, demander, devant ce tribunal, des dommages-intérêts, d'après les principes exposés sous l'art. 9.

Nous ajouterons même, que si devant le tribunal on reconnaît à une plainte le caractère de calomnie, le président en fera mettre immédiatement l'auteur en état d'arrestation, pour qu'il soit traduit ensuite devant les tribunaux ordinaires.

Art. 28. — L'autorité saisie de la plainte nomme le tribunal maritime commercial qui doit en connaître, désigne le rapporteur, qu'elle charge de prendre immédiatement les informations nécessaires, et convoque le tribunal dès que l'affaire est suffisamment instruite.

I. — Le fonctionnaire saisi de la plainte est, en même temps, le président du tribunal maritime, ainsi que nous l'avons vu sous l'art. 10. Il doit nommer le tribunal, c'est-à-dire désigner ou avertir les personnes qui doivent en faire partie, d'après les règles posées par les art. 12 et suivants. (Form. nos 16 et 17.)

Il choisit parmi les juges celui qui doit remplir les fonctions de rapporteur, et le charge de procéder à un complément d'information, s'il y a lieu.

Dès que l'affaire est suffisamment instruite, il convoque le tribunal.

Nous faisons observer qu'à l'égard de certains juges, qui font partie du tribunal d'une manière constante à raison de leurs fonctions (le capitaine de port, par exemple, dans le cas de l'art. 14), il n'est pas besoin de lettre de nomination préalable à la lettre de convocation; cette dernière suffit.

Lorsqu'il ne sera pas nécessaire de faire une information, ou lorsqu'il sera aisé de prévoir quel jour elle sera terminée, la nomination et la convocation pourront avoir lieu en même temps.

Il importe de mettre la plus grande diligence dans l'instruction et le jugement des affaires maritimes, afin qu'elles puissent être jugées avant le départ du navire auquel appartient le prévenu.

II. — Lorsque l'affaire arrive au rapporteur, elle a déjà fait l'objet d'une information, à laquelle s'est livré le capitaine. Si le président du tribunal la juge insuffisante, le rapporteur doit la compléter. Il entend les témoins, interroge le prévenu, et prend toutes les mesures propres à assurer la manifestation de la vérité. Il est assisté dans cette procédure par le greffier qui est désigné ainsi que l'indique l'art. 17. Ce greffier écrit sous la dictée du rapporteur. Le rapporteur doit suivre, dans les actes d'information auxquels il se livre, les règles prescrites pour la procédure devant le juge d'instruction en matière ordinaire, telles que nous les avons exposées sous l'art. 25, § vi. (Form. n° 23.)

Le rapporteur fait citer devant lui les témoins qu'il lui paraît utile d'appeler. Il doit, autant que possible,

assigner également ceux que le prévenu désirerait faire
entendre à sa décharge.

III. — Examinons ici dans quelle forme et par quels
agents doivent être données les citations.

L'art. 21 de la loi du 3 pluviôse an II est ainsi conçu :
« Les assignations aux témoins et les avertissements
aux jurés seront remis par les gendarmes nationaux ou
par les militaires d'ordonnance, qui en rapporteront le
reçu à celui qui les aura commis. »

L'art. 72 du Code d'instruction criminelle dispose
aussi que « les témoins sont cités par un huissier ou
par un agent de la force publique, à la requête du procureur impérial. »

En vertu de ces dispositions, les citations aux témoins peuvent être remises par la gendarmerie maritime ou par tous autres agents de la force publique.
Elles peuvent même être portées par des soldats de
l'armée de terre ou de mer.

A l'étranger, les chanceliers des consulats remplissent, vis-à-vis de leurs nationaux, les fonctions d'huissier, et leur donnent, en conséquence, toutes citations
et assignations. (Édit de juin 1778, art. 8.) Leur ministère devra donc être employé en l'absence des autres
agents que nous venons d'indiquer.

Quant aux étrangers, les consuls ou les commandants
des bâtiments de l'État emploient, pour les faire comparaître, les réquisitions d'usage vis-à-vis, soit de l'autorité du pays, s'il s'agit de nationaux de ce pays, soit
de leurs consuls respectifs, s'il s'agit de nationaux des

autres puissances. (Loi du 28 mai 1836 sur les échelles du Levant, art. 17.)

Les citations sont précédées d'une ordonnance ou cédule du juge rapporteur, qui indique les jour et heure de la comparution. (Form. n°s 18, 19.)

Le porteur de la citation en fait, autant que possible, signer l'original par celui auquel il remet la copie.

IV. — Lorsqu'un témoin cité ne comparaît pas, le rapporteur en avertit le président du tribunal.

Si le témoin est à bord d'un navire, le président peut faire l'application de l'art. 80 du Code d'instruction criminelle, en le condamnant à une amende qui n'excède pas 100 fr., et en ordonnant qu'il soit contraint par corps à venir faire sa déposition. (Loi du 28 mai 1836, art. 23.)

Si la personne qui refuse de déposer n'est pas placée sous la juridiction maritime, le président agira autrement ; il adressera une plainte au procureur impérial, qui fera citer le témoin devant le tribunal correctionnel et requerra contre lui l'amende et la contrainte par corps, en vertu des art. 80 et 157 du Code d'instruction criminelle.

A l'étranger, pour faire comparaître les témoins résidant à terre, le commandant du bâtiment de l'État ou le consul ne peut agir évidemment que par voie de réquisition aux autorités locales ou aux autres consuls. (Loi du 28 mai 1836, art. 18.)

V. — Il est nécessaire que le prévenu ait connaissance du procès-verbal d'information avant l'audience.

On doit suivre, à cet égard, la règle posée par l'article 18 de la loi du 12 novembre 1806 sur les tribunaux maritimes, qui prescrit d'en donner lecture au prévenu. Cette lecture devra avoir lieu dès que l'information sera achevée. Elle sera faite par le greffier en présence du rapporteur.

C'est à raison de cette lecture préalable, qu'aux termes du décret que nous venons de citer, de même que d'après l'art. 31 du décret actuel, la lecture des pièces à l'audience se fait avant l'arrivée du prévenu. Il serait, en effet, inutile que ce dernier y assistât, puisqu'il a déjà connaissance de ces pièces.

VI. — Les citations aux témoins pour comparaître devant le tribunal sont données en vertu d'une cédule à délivrer par le président. (Form. nᵒˢ 20, 21.)

Il doit également, autant que possible, faire citer les témoins à décharge indiqués par le prévenu.

Il est nécessaire de faire connaître au prévenu, quelques jours avant l'audience, quels sont les témoins qui ont été assignés.

VII.— En général, il n'y a pas lieu d'assigner le prévenu à comparaître devant le tribunal. Le plus souvent, en effet, il est détenu, et il suffit de l'avertir, quelque temps à l'avance, du jour auquel l'audience est fixée ; ensuite on l'amène à cette audience. Mais il est des cas où l'assignation est nécessaire ; nous les indiquons sous l'art. 36, § III.

Si le prévenu désigne un défenseur pour l'assister

devant le tribunal, le rapporteur devra faire prévenir ce dernier et lui donner connaissance des pièces. (Décret du 12 novembre 1806, art. 22.)

Ce défenseur peut être choisi dans toutes les classes de citoyens présents sur les lieux. (Idem, art. 20, et voir plus bas l'art. 31.)

VIII. — Dans le cas où le président appelle l'inculpé devant le tribunal maritime, la personne lésée peut se porter partie civile sur cette poursuite, par un des moyens que nous avons indiqués sous l'art. 9.

Mais si le président estime ne pas devoir poursuivre, la personne qui se prétend lésée pourra-t-elle, en se portant partie civile, assigner directement devant le tribunal maritime ?

Aux termes de l'art. 182 du Code d'instruction criminelle, le tribunal de police correctionnelle peut être saisi de la connaissance d'un délit, notamment au moyen de l'assignation donnée directement au prévenu et aux personnes civilement responsables du délit par la partie civile. On doit suivre cette règle en ce qui concerne les tribunaux maritimes.

En conséquence, la partie civile pourra faire citer directement le prévenu, par le ministère d'un huissier, à comparaître devant le tribunal maritime au jour que le président lui indiquera. Nous pensons que le président ne peut se refuser à convoquer le tribunal sur une pareille citation.

Si le prévenu est reconnu coupable, il devra être condamné comme s'il eût été cité par le président.

En matière ordinaire, la partie civile qui succombe est condamnée aux dépens. Nous verrons, sous l'article 46, les règles que l'on doit suivre, à cet égard, dans l'application du décret.

La partie civile qui succombe peut être condamnée à des dommages-intérêts, pour peu que la plainte soit reconnue calomnieuse ou même simplement téméraire, d'après les principes que nous avons exposés sous l'art. 9. Ces principes devront être appliqués avec plus de rigueur lorsque la partie civile a fait assigner directement, et qu'ainsi, obéissant à son intérêt personnel, ou bien à un esprit de haine ou de vengeance, elle a assumé la responsabilité de poursuites reconnues injustes.

Art. 29. — Les séances des tribunaux maritimes commerciaux sont publiques. Leur police appartient au président.

A terre, le tribunal s'assemble, soit au bureau de l'inscription maritime, soit au bureau de la chancellerie, suivant qu'il y a lieu.

A bord, le tribunal se réunit dans le local affecté aux séances du conseil de guerre.

Cet article pose le principe de la publicité des audiences. Ce n'est que pendant la délibération du tribunal que le public doit être exclu. (Art. 35.) Les portes lui sont ouvertes de nouveau pour le prononcé du jugement.

Il y a lieu cependant de faire observer que, si la publicité était dangereuse pour l'ordre et les mœurs, le tribunal pourrait ordonner que les débats eussent lieu

à huis clos (Constitution du 4 novembre 1848, art. 81).
Mais on doit, même dans ce cas, prononcer le jugement
en public.

Le président a la police de l'audience.

On doit appliquer, sur ce point, l'art. 504 du Code
d'instruction criminelle, aux termes duquel, si un individu donne des marques d'approbation ou d'improba-
tion, ou cause du tumulte, il lui est enjoint de se retirer ;
dans le cas où il résiste, il est saisi et arrêté sur l'ordre
du président, et déposé pendant vingt-quatre heures
dans la maison d'arrêt.

Si un délit était commis dans l'enceinte et pendant la
durée de l'audience, celui qui en serait l'auteur devrait
être arrêté pour être jugé par le tribunal compétent, et
le président dresserait procès-verbal du fait. Si c'était
un délit maritime commis par une personne soumise à
la juridiction maritime, le tribunal pourrait lui appliquer immédiatement la peine fixée par la loi. (Code
d'inst. crim., art. 505, 506.)

ART. 30. — A l'ouverture de la séance, le président fait déposer sur le bureau un exemplaire du présent décret.

Il dit ensuite à haute voix aux membres du tribunal, qui sont
comme lui debout et découverts :

« Nous jurons devant Dieu de remplir nos fonctions au tribunal maritime commercial avec impartialité. »

Chaque membre répond : « Je le jure. »

Mention de cette formalité est faite au procès-verbal.

Il est nécessaire de déposer un exemplaire du décret
sur le bureau du tribunal, afin que les juges puissent

constamment le consulter ; et ensuite, parce que le président doit donner lecture, dans le corps du jugement, des articles dont il est fait application.

Le serment à prêter par les juges du tribunal doit être renouvelé à chaque affaire.

Mention de cette formalité doit être faite au procès-verbal, c'est-à-dire dans le préambule du jugement.

Art. 31. — Le président fait donner lecture par le rapporteur de la plainte et des différentes pièces de la procédure, tant à charge qu'à décharge.

L'accusé est ensuite introduit devant le tribunal ; il y comparaît libre et assisté, s'il le désire, d'un défenseur à son choix.

I. — L'art. 31 exige que toutes les pièces de la procédure, tant à charge qu'à décharge, soient lues par le rapporteur, et cette lecture doit être faite avant l'introduction du prévenu.

Nous avons vu, sous l'art. 28, § v, que le prévenu devait avoir reçu lecture de ces pièces avant l'audience.

Mais le défenseur, d'après l'usage suivi devant les conseils de guerre, pour lesquels la prescription de la loi est la même, peut être présent à la lecture des pièces à l'audience.

Le prévenu comparaît libre, c'est-à-dire que, s'il a des fers, on les lui ôte. Mais on pourra le faire accompagner de gardes pour empêcher son évasion.

Le prévenu, après son introduction, a le droit de proposer contre les juges les motifs de récusation prévus par les art. 18, 20 et 21.

Nous avons déjà dit, sous l'art. 28, § vii, que le défenseur peut être choisi dans toutes les classes de citoyens présents sur les lieux.

Nous parlerons, sous l'art. 36, § iii, des jugements par défaut.

Art. 32. — Le président fait connaître à l'accusé, après constatation de son identité, le délit pour lequel il est traduit devant le tribunal.

Il l'avertit, ainsi que son défenseur, qu'il lui est permis de dire tout ce qu'il jugera utile à sa défense, sans s'écarter toutefois des bornes de la décence et de la modération, ou du respect dû au principe d'autorité.

Le président, après l'introduction du prévenu, constate son identité, c'est-à-dire qu'il lui demande ses nom, prénoms, profession, âge, lieu de naissance et domicile, ou lieu d'inscription.

Puis il lui dit de quel délit il est prévenu, et il ajoute l'avertissement indiqué par notre article et qui s'adresse également au défenseur s'il y en a un.

Art. 33. — Le président est investi d'un pouvoir discrétionnaire pour la direction des débats et la découverte de la vérité.

L'accusé peut faire appeler toutes les personnes qu'il désire faire entendre. Toutefois, le retard d'un témoin ne peut arrêter les débats.

En vertu du pouvoir discrétionnaire que lui confère cet article, le président peut prendre toutes les mesures qui lui paraissent devoir faciliter la découverte de la vérité, faire lire telles pièces, faire appeler, même pen-

dant l'audience, telles personnes qu'il lui conviendra.
(Code d'inst. crim., art. 269.)

Le prévenu a le droit de faire entendre toutes les
personnes dont la déposition peut être utile à sa défense. Nous avons déjà dit que, sur sa demande, ces
témoins doivent être cités à la requête du président
autant que possible. (Loi du 28 mai 1836 sur les échelles
du Levant, art. 31.) Il s'agit ici, bien entendu, de témoins indiqués assez de temps à l'avance pour qu'ils
aient pu être assignés.

Le défaut de comparution d'un témoin ne peut arrêter
les débats, à moins que le tribunal ne croie devoir,
par suite de l'importance de ce témoin, proroger son
audience à un autre jour; on ferait jusque-là les démarches nécessaires pour le faire comparaître.

Lorsqu'un témoin cité ne se présente pas, s'il est à
bord d'un navire, le tribunal prononce contre lui une
amende qui ne doit pas excéder 100 fr., et peut ordonner, en outre, qu'il sera contraint par corps à venir
donner son témoignage. (Code d'inst. crim., art. 80,
157, 355.)

S'il n'est pas placé sous la juridiction maritime, le
président prendra à son égard les mesures que nous
avons indiquées sous l'art. 28, § iv, en ce qui concerne
les personnes de cette catégorie.

ART. 34. — Le président interroge l'accusé et reçoit les dépositions des témoins.

Ne peuvent être reçues les dépositions des ascendants et descendants, des frères ou sœurs ou des alliés au même degré, du
conjoint de l'accusé ou de l'un des accusés du même fait.

Chacun des membres du tribunal est autorisé à poser des questions à l'accusé comme aux témoins, après en avoir fait la demande au président.

L'accusé présente sa défense, soit par lui-même, soit par l'organe de son défenseur.

Le président, après avoir demandé à l'accusé s'il n'a rien à ajouter dans l'intérêt de sa défense, résume les faits sans exprimer son opinion personnelle.

Avant l'interrogatoire du prévenu, le président fait procéder à l'appel nominal des témoins; puis, lorsqu'ils sont tous réunis, il les fait retirer dans une salle particulière.

Le prévenu est interrogé par le président, qui lui dit: Vous savez de quoi vous êtes prévenu (voir article 32), qu'avez-vous à dire pour votre justification? Sur ce, le prévenu raconte les faits. Le président et les membres du tribunal lui adressent les questions qu'ils jugent utiles.

Les témoins sont ensuite appelés un à un. Le président ordonne à chaque témoin de lever la main, et il ajoute : Jurez-vous de dire toute la vérité, rien que la vérité? et le témoin répond : Je le jure. Cela fait, le président lui demande ses nom, prénoms, profession, âge, lieu de naissance et domicile, ou lieu d'inscription; puis, s'il est parent ou allié du prévenu.

En matière ordinaire, le Code d'instruction criminelle, art. 322, exclut le témoignage d'un assez grand nombre de personnes. Notre article ne consacre d'autre prohibition que celle qui se fonde sur la parenté au degré qu'il indique. Il y a lieu de noter que le tribunal

reçoit les déclarations des personnes comprises dans
cette prohibition, s'il le juge opportun ; mais c'est seulement à titre de renseignements et sans leur faire prêter
serment.

La personne qui s'est portée partie civile (voir sous
l'art. 9), ne peut être entendue comme témoin, mais
elle pourrait l'être aussi à titre de renseignement. (Cassation, 10 février 1835.)

Les témoins sont invités à dire tout ce qu'ils savent
sur le délit reproché au prévenu. Le président et les
juges eux-mêmes leur font les questions qui leur paraissent nécessaires. Le prévenu peut aussi prier le
président de leur adresser des interpellations sur des
points qu'il indique.

Les pièces de conviction sont représentées au prévenu
et aux témoins, qui sont sommés de déclarer s'ils les
reconnaissent.

En cas de déposition évidemment fausse devant le
tribunal, le président doit en dresser procès-verbal,
faire arrêter le faux témoin et le déférer à la juridiction ordinaire, suivant le mode prescrit par les art. 50
et 51.

Après l'audition des témoins, le prévenu présente
sa défense, soit par lui-même, soit par l'organe de son
défenseur.

Lorsqu'il a terminé, le président lui demande s'il n'a
plus rien à ajouter pour sa justification. Et, enfin, il
déclare que les débats sont clos, et il résume, en peu
de mots, les faits et les circonstances tant à charge qu'à
décharge, sans exprimer son opinion personnelle.

ART. 35. — Après la clôture des débats, le président fait retirer l'accusé ainsi que l'auditoire pour délibérer.

Les membres du tribunal opinent dans l'ordre inverse des classifications mentionnées aux art. 12, 13, 14 et 15. Le président émet son opinion le dernier.

La délibération du tribunal doit être secrète ; aussi, le président fait-il retirer l'accusé et l'auditoire pour délibérer.

Le tribunal pourrait encore, au lieu de faire retirer le public, se rendre dans une salle voisine et revenir ensuite dans la salle d'audience.

Le greffier lui-même ne peut pas être présent à la délibération.

La disposition qui règle l'ordre dans lequel les avis doivent être émis est très-sage ; en effet, si le président et les juges les plus élevés en grade faisaient connaître leur opinion les premiers, elle pourrait influer sur celle des autres juges.

ART. 36. — Toutes les questions de culpabilité posées par le président sont résolues à la majorité des voix.

Si l'accusé est déclaré coupable, le tribunal délibère sur l'application de la peine.

I. — Le président pose toutes les questions de culpabilité. Ces questions se formulent de la manière suivante :

Le sieur A..., prévenu d'avoir, le 25 juin dernier, désobéi avec menaces à son capitaine, est-il coupable ?

Ou bien : Le sieur X... est-il coupable du délit de

rébellion, tel qu'il est défini par le n° 14 de l'art. 60 du décret du 24 mars 1852?

Les questions de culpabilité sont résolues à la majorité des voix, c'est-à-dire par trois voix contre deux.

II. — Si l'accusé est déclaré coupable, le tribunal délibère sur l'application de la peine. Dans cette seconde délibération, les juges doivent encore opiner en suivant l'ordre prescrit par l'art. 35.

Lorsque le tribunal a également pris une décision en ce qui touche la peine, on ouvre les portes de l'auditoire au public, on ramène le prévenu, et le président prononce le jugement en donnant lecture des articles de loi pénale dont il est fait application; ces articles sont littéralement insérés dans la rédaction du jugement. (Code d'inst. crim., art. 163 et 369.)

III. — C'est ici le lieu de parler des jugements par défaut.

Aux termes de l'art. 186 du Code d'instruction criminelle, si le prévenu ne comparaît pas, il sera jugé par défaut.

Cette disposition doit être suivie en matière de délits maritimes. Le tribunal procède alors et juge dans la même forme que si l'inculpé était présent; il entend la lecture des pièces de la procédure, interroge les témoins s'il le juge utile; puis condamne ou acquitte. (Form. n° 25.)

Faisons remarquer, toutefois, qu'il ne peut pas être rendu de jugement par défaut pour délit de désertion.

(Décret du 4 mai 1812.) C'est seulement à l'égard des autres délits que l'on procède ainsi que nous l'indiquons.

Il est nécessaire que le prévenu ait été cité pour qu'il puisse être rendu contre lui un jugement par défaut. En conséquence, lorsqu'une personne ne sera pas sous la main de la justice, et qu'il y aura lieu de craindre qu'elle ne fasse défaut, on devra la faire assigner. (Form. n° 22.)

Cette assignation sera portée par les agents que nous avons indiqués sous l'art. 28, § III, pour les citations aux témoins. C'est ainsi que procèdent les conseils de guerre par extension des dispositions rapportées sous ce même article.

L'assignation ne peut pas être donnée à personne, puisque nous supposons que le prévenu est absent. Elle sera remise à bord du navire, qui est le domicile légal, en matière maritime, jusqu'au débarquement administratif.

L'art. 410 du Code de procédure civile dispose, en effet, que « toutes assignations données à bord à la personne assignée sont valables. » Et la jurisprudence décide qu'il n'est pas nécessaire, pour la validité de l'assignation, qu'elle soit remise à l'assigné lui-même, et qu'elle peut être laissée à quelqu'un de l'équipage trouvé à bord.

Si donc l'individu assigné n'est pas à bord, le porteur de la citation en remettra copie à un des hommes de l'équipage, et, de préférence, à un officier, qui signera l'original.

Mais il peut arriver que l'individu que l'on assigne

soit débarqué administrativement. Alors, il doit être
assigné à personne, dans le lieu où on le trouvera, ou
bien à son domicile réel. Et, dans ce dernier cas, on
doit suivre les formalités prescrites par les art. 68 et
69, n°ˢ 8 et 9, du Code de procédure civile. Il suffit de
renvoyer à ces articles.

L'assignation doit être donnée au moins trois jours
francs avant l'audience. (Code d'inst. crim., 184.) On
observera, en outre, lorsqu'il y aura lieu, les prescriptions des art. 73 et 1033 du Code de procédure civile,
en ce qui concerne le délai des distances.

IV. — Le jugement par défaut doit être signifié en
entier. Cette signification sera faite également à bord,
si l'inculpé n'est pas débarqué administrativement ; et,
dans le cas contraire, elle sera remise à personne ou à
domicile, en observant les formalités que nous venons
d'indiquer pour les citations.

V. — Aux termes de l'art. 187 du Code d'instruction
criminelle, le prévenu peut faire opposition au jugement par défaut dans les cinq jours de la signification
qui en est faite à sa personne ou à son domicile. A
défaut d'opposition formée dans ce délai, le jugement
devient définitif, comme si le prévenu eût comparu.

Lorsque la signification est faite à domicile, le délai
de cinq jours est augmenté, en raison des distances,
ainsi que nous l'avons dit plus haut.

L'opposition aura lieu par acte signifié au président
du tribunal, ou par déclaration au bas de l'acte même

de signification, s'il est adressé à la personne; ou, enfin, au moyen d'une déclaration reçue par le président. Cette opposition devra être notifiée à la partie civile s'il y en a une. (Voir sous l'art. 9.)

L'opposition emporte, de plein droit, citation à la première audience (Code d'inst. crim., art. 188), c'est-à-dire qu'il n'est plus nécessaire de donner une citation nouvelle à l'opposant; il suffit de lui faire connaître le jour de la première audience du tribunal.

Si, ce jour-là, le prévenu comparaît, on le juge de nouveau sans avoir égard au premier jugement, et dans la même forme que si ce jugement n'avait pas eu lieu.

S'il ne comparaît pas, il est de nouveau jugé par défaut; mais ce second jugement est définitif et n'est plus susceptible d'opposition.

Art. 37. — Le tribunal, si le fait lui paraît rentrer dans la catégorie des fautes de discipline, peut prononcer seulement une des peines prévues par l'art. 52 du présent décret.

Il peut arriver que l'on saisisse le tribunal d'une infraction qui ait été à tort considérée comme un délit maritime. Dans ce cas, si le tribunal reconnaît que ce fait ne constitue qu'une faute de discipline, il doit, néanmoins, juger l'affaire et prononcer une peine disciplinaire. (Form. n° 27.)

Art. 38. — Si le tribunal reconnaît que le fait est de la compétence des tribunaux ordinaires, il déclare et motive son incompétence.

Dans ce cas, on applique les dispositions du chapitre ɪɪɪ du présent titre.

La déclaration du tribunal est jointe au dossier de l'affaire.

Si le tribunal juge que l'infraction qui lui est soumise n'est pas un délit maritime, et qu'elle n'est pas non plus une faute de discipline, mais qu'elle constitue, soit un crime maritime, soit un fait punissable du droit commun, contravention, délit ou crime ordinaire, il doit se déclarer incompétent, en exprimant les motifs sur lesquels il s'appuie pour statuer ainsi. Ces motifs consistent à indiquer pourquoi il ne considère pas le fait comme un délit maritime. (Form. n° 28.)

Après un jugement d'incompétence, le président du tribunal doit faire remettre le prévenu, avec les pièces du procès, entre les mains de la justice ordinaire, en suivant les règles que nous avons établies sous l'article 26, § ɪɪɪ.

Art. 39. — Le jugement est rédigé en trois expéditions, dont une servant de minute, par le greffier, et signée par le président et par les membres du tribunal.

Il mentionne l'observation des dispositions prescrites par les art. 12 à 21, et par les art. 30, 31, 32 et 36 du présent décret.

Il indique, s'il y a lieu, les quartier et numéro d'inscription de l'accusé.

1. — D'après cet article, le jugement est d'abord rédigé en minute et signé par le président, par le greffier et par les membres du tribunal. (Form. n° 24.)

Sur cette minute, le greffier copie deux expéditions qu'il signe seul.

L'art. 44 prescrit d'adresser l'une d'elles au ministre de la marine, et l'art. 47 de remettre au capitaine celle qu'il doit annexer au livre de punition.

Au surplus, le greffier fera autant d'expéditions qu'il pourra être nécessaire. Ainsi, il en sera envoyé une, dans les cas prévus par l'art. 41, soit au procureur impérial du lieu, soit au chef de service du port où l'on dirige le coupable.

De même, il en sera délivré une à la partie civile qui obtiendrait des dommages-intérêts, ainsi que nous l'avons dit sous l'art. 9.

Et encore, lorsqu'une amende est prononcée, il est adressé une expédition ou un extrait au comptable chargé de la recouvrer. (Art. 43.)

Nous verrons, sous l'article suivant, quelle est la formule exécutoire des jugements.

II. — Notre article exige que l'on constate, dans la rédaction du jugement, l'observation des dispositions contenues dans les art. 12 à 21 sur la composition du tribunal, et, en outre, l'accomplissement des formalités prescrites par les art. 30, 31, 32 et 36 du décret.

Le quartier et le numéro d'inscription doivent y être indiqués, s'il s'agit d'un marin.

ART. 40. — Le président écrit au bas du jugement : « Soit » exécuté selon la forme et teneur, » et il prend les mesures nécessaires pour en assurer l'exécution.

Dès que le jugement est rédigé, le président écrit et signe au bas de la minute la formule indiquée par notre article, et qui est ensuite transcrite sur les expéditions. Elle dispense de mettre au bas de ces expéditions la formule exécutoire ordinaire : « mandons et ordonnons à tous huissiers, etc… » ; elle la supplée complètement.

Le président est chargé de prendre les mesures nécessaires pour assurer l'exécution du jugement.

Nous verrons, sous l'art. 41, comment il agit lorsqu'il y a eu condamnation à la prison.

Si une amende a été prononcée, il fait remettre un extrait du jugement au comptable qui doit en poursuivre le recouvrement aux termes de l'art. 43.

Lorsqu'un marin est condamné à l'embarquement sur un bâtiment de l'État, comme cette peine, prononcée presque uniquement pour cause de désertion, est, en général, précédée de la prison (voir art. 65 et suivants), le procureur impérial doit, après que le coupable a subi la prison, le mettre à la disposition du commissaire de l'inscription maritime, et celui-ci le fait conduire devant le préfet maritime qui tiendra la main à ce qu'il soit embarqué. (Form. nº 30.)

Dans le cas où la condamnation à l'embarquement sera prononcée à l'étranger, si la condamnation à la prison qui aura lieu en même temps est de moins de trois mois, le président du tribunal aura, pour les mesures à prendre à l'égard de cet embarquement, la même latitude d'appréciation qu'en ce qui concerne la prison qui doit le précéder. Il faut voir ce que nous disons à ce sujet sous l'art. 41.

ART. 41. — Lorsque le jugement est rendu en France et emporte la peine d'emprisonnement, le coupable est remis sans délai, par le président du tribunal avec une expédition du jugement, à la disposition du procureur impérial du lieu, qui fait exécuter la sentence.

La peine d'emprisonnement prononcée hors de France est toujours subie dans la métropole lorsque la durée de cette peine excède trois mois. Dans ce cas, le coupable est renvoyé le plus promptement possible et remis, à son arrivée dans un port français, au procureur impérial du lieu, par l'autorité maritime locale.

Lorsque la peine d'emprisonnement prononcée hors de France n'excède pas trois mois, le coupable peut la subir, soit en France, soit dans la colonie française, soit dans le pays étranger où le jugement a été rendu.

I. — L'art. 41 règle de quelle manière doivent être exécutées les condamnations à la prison prononcées par les tribunaux maritimes.

Si le jugement est rendu en France, l'individu qui a encouru cette peine est remis par le président du tribunal à la disposition du procureur impérial du lieu. (Form. n°° 12 et 29.)

Lorsque la décision est intervenue aux colonies ou à l'étranger, le coupable doit être envoyé en France, si la durée de l'emprisonnement excède trois mois. (Form. n° 30 *bis.*)

II. — Dans le cas où la peine de l'emprisonnement n'excède pas trois mois, elle peut être subie, soit dans le lieu où le jugement a été rendu, soit en France ou aux colonies.

Cette disposition laisse une grande latitude au président du tribunal. La loi n'a pas voulu que, pour un emprisonnement minime, un homme dût être nécessairement retenu dans des régions éloignées, au milieu de son voyage et sans moyen de l'achever ensuite, ou bien qu'il fût renvoyé en France après une traversée qui souvent serait plus longue et plus dure à supporter que la peine elle-même. Du reste, le service du coupable peut être indispensable à bord du navire auquel il appartient, et il eût été fâcheux que l'on fût obligé de l'enlever à ce navire pour une condamnation de peu d'importance.

En conséquence, le président du tribunal agira d'après les circonstances. Il prendra des mesures pour que la condamnation soit exécutée sur le lieu même, ou bien en France ou aux colonies, où le coupable serait envoyé à cet effet, avec une expédition du jugement, ou seulement même au port d'arrivée.

Dans le choix qui lui appartient à cet égard, le président devra concilier autant que possible les nécessités de la situation avec le besoin de la répression ; il aura aussi égard à l'intérêt de l'humanité; et, à moins de graves raisons contraires, il évitera d'adopter une voie qui serait par trop préjudiciable au prévenu.

Dans certains cas même le président du tribunal pourra se borner à prendre des mesures de précaution pour que le coupable subisse sa peine à son retour en France ou dans une colonie. Par exemple, il informera, soit l'autorité maritime, soit le procureur impérial du lieu de son domicile ou du lieu de son inscription, de la condamnation qui a été prononcée, et il lui adressera en même temps une expédition du jugement.

III. — Il y a lieu de rapprocher de cet article l'article 42, qui dispose que les peines encourues par les capitaines de navire ne peuvent être subies qu'à leur retour dans la métropole, et de l'art. 43, qui règle dans quel lieu l'amende est recouvrable.

On peut voir aussi, sous l'art. 26, § III, nos observations sur l'envoi en France d'un prévenu de délit ordinaire.

IV. — Indépendamment des mesures que le président du tribunal maritime doit prendre pour assurer l'exécution du jugement, en vertu de notre article et de l'art. 40, il en est d'autres imposées par l'art. 47 au greffier et aux capitaines, pour que l'autorité maritime du port d'arrivée ou de débarquement puisse vérifier, dans tous les cas, s'il a ou non été satisfait à la condamnation.

ART. 42. — Les peines prononcées hors de France contre les capitaines de navire ne seront subies par eux qu'à leur retour dans la métropole.

Les jugements portant ces pénalités seront inscrits, à cet effet, sur le livre de punition, par le président du tribunal maritime commercial qui aura rendu la sentence. Mention en sera faite en outre sur le rôle d'équipage du navire.

On ne peut pas priver un navire de son capitaine, loin du port où il doit faire retour. Ce serait compromettre les intérêts de toute nature qui reposent sur ce navire. Le législateur a obéi à cette nécessité, en ordonnant que le capitaine, condamné par un tribunal maritime, ne subisse sa peine qu'à son retour en France.

Pour assurer l'exécution des jugements qui prononcent des pénalités contre des capitaines, le décret prescrit au président du tribunal de les mentionner sur le livre de punition et sur le rôle d'équipage. Cette mention doit indiquer le tribunal qui a rendu la décision, la date de cette décision et les condamnations qui y sont contenues. Ainsi, le commissaire de l'inscription maritime du port d'arrivée sera averti, par la présentation des pièces que nous venons d'indiquer, des peines prononcées, et il veillera à leur exécution.

La mention ordonnée par notre article est indépendante de la transcription et de l'annexe du jugement prescrites au capitaine par l'art. 47, et elle a pour but de les suppléer dans le cas où ce dernier, obéissant à un motif facile à comprendre, ne remplirait pas ses obligations à cet égard.

Art. 43. — Le paiement des amendes prononcées en vertu du présent décret est poursuivi, dans les formes ordinaires, par le receveur des domaines du lieu où désarme le navire à bord duquel le coupable est embarqué ou du lieu d'inscription du délinquant. Cette poursuite est faite à la requête de l'autorité maritime locale.

Si le coupable est débarqué en cours de voyage, le paiement des amendes est poursuivi par le receveur des domaines du lieu où le débarquement s'opère.

Si le débarquement s'effectue à l'étranger, le consul est chargé de poursuivre le paiement des amendes.

Les poursuites peuvent aussi avoir lieu, dans tous les cas, par voie administrative, à la diligence des commissaires de l'inscription maritime ou des consuls.

I. — Cet article désigne, dans les différentes circonstances qui peuvent se présenter, les fonctionnaires chargés de poursuivre le recouvrement des amendes prononcées par les tribunaux maritimes.

Ces fonctionnaires sont : le receveur des domaines du port de désarmement du navire, ou celui du lieu d'inscription du délinquant; le receveur du port du débarquement, si ce débarquement s'opère en cours de voyage; et le consul, dans le cas où il s'effectue à l'étranger.

On voit qu'il résulte de là que ce n'est jamais qu'au terme du voyage du délinquant que le recouvrement de l'amende peut être poursuivi contre lui.

Cette disposition est toute d'humanité, car si l'amende était prononcée avant le départ ou dans un port de relâche, il serait rigoureux que l'on pût, à l'effet d'en hâter le recouvrement, mettre obstacle au voyage qui allait être entrepris ou achevé. Le législateur, comme nous l'avons déjà dit sous l'art. 41, a toujours essayé, dans le décret, de mettre d'accord l'intérêt de l'humanité, les besoins de la navigation, avec la nécessité de la répression.

Notons que, bien que notre article charge le receveur du lieu de l'inscription de percevoir l'amende, ce dernier ne pourra pas exercer de poursuites à ce sujet, avant que le marin n'ait accompli le voyage au départ ou dans le cours duquel il aurait été condamné à cette pénalité.

Au surplus, les dispositions par lesquelles notre article détermine les comptables qui doivent poursuivre le recouvrement des amendes, sont rendues dans l'intérêt de ceux qui les ont encourues; si donc ils voulaient se libérer entre les mains du comptable du lieu même où la condamnation a été prononcée, ils en auraient la faculté; et, dans ce cas, au vu de la quittance, le greffier mentionnerait, suivant les prescriptions de l'art. 47, que le jugement a reçu son exécution.

Il doit être remis une expédition ou un extrait de la sentence au fonctionnaire chargé de la perception.

D'après la disposition finale de notre article, le paiement de l'amende peut, à la diligence du commissaire de l'inscription maritime du lieu où elle doit être perçue, s'effectuer directement à la caisse du trésorier des invalides de la marine. (Voir art. 88.)

II. — Le président du tribunal maritime qui a prononcé l'amende doit prendre les mesures nécessaires pour en assurer le paiement (art. 40), et, à cet effet, il adresse une expédition du jugement à l'autorité maritime du lieu du désarmement ou du débarquement. Nous verrons, du reste, qu'au moyen des précautions prises par l'art. 47, cette autorité sera toujours à même de vérifier si la sentence a été ou n'a pas été exécutée.

III. — Les amendes prononcées par les tribunaux

maritimes sont recouvrables par la voie de la contrainte par corps. (Code pénal, art. 52.) Il y a lieu de suivre, pour la durée de cette contrainte, les principes que nous avons exposés sous l'art. 9, § v, en parlant des condamnations à des dommages-intérêts.

ART. 44. — Une expédition du jugement est adressée au ministre de la marine.

La prescription de l'art. 44 s'applique à tous les jugements rendus par les tribunaux maritimes; elle doit être observée dans le plus bref délai, soit dans l'intérêt de l'exécution de la sentence, soit en vue du contrôle qui doit être exercé par le ministre de la marine sur les décisions de ces tribunaux. (Art. 45.)

ART. 45. — Les jugements des tribunaux maritimes commerciaux ne sont sujets à aucun recours en révision ni en cassation.
Toutefois, le ministre de la marine pourra, dans les cas prévus par l'art. 441 du Code d'instruction criminelle, transmettre au ministre de la justice, pour être déférés à la Cour de cassation, dans l'intérêt de la loi, les jugements des tribunaux maritimes commerciaux qui seraient susceptibles d'être annulés pour violation des art. 12 à 20, 29, 30, 31 et 33 du présent décret.

L'art. 441 du Code d'instruction criminelle dispose que le procureur général près la Cour de cassation pourra, en vertu d'un ordre formel du ministre de la justice, déférer à la section criminelle de cette cour, les actes et jugements contraires à loi, et en demander l'annulation.

La jurisprudence admet que la cassation des décisions judiciaires, prononcée dans l'intérêt de la loi par application de l'art. 441 du Code d'instruction criminelle, a effet dans l'intérêt ou au préjudice des parties. (Cass., 31 août 1821.) On doit étendre cette jurisprudence aux annulations qui seront faites en vertu de notre article, en sorte qu'elles auront pour conséquence de remettre les choses au même état qu'avant le jugement, et la Cour de cassation renverra l'affaire devant tel tribunal qu'il appartiendra, pour qu'il soit procédé à de nouveaux débats et à un nouveau jugement.

La grâce qui serait accordée par le Chef de l'État à l'individu condamné à une peine aurait pour résultat de l'affranchir de cette peine ; mais, à la différence de la cassation prononcée en vertu de notre article, elle serait sans effet à l'égard des dommages-intérêts qui auraient pu être alloués par le jugement. (Voir sous l'art. 9.)

Du reste, il y a cette autre différence que la cassation efface complètement la condamnation, d'une manière rétroactive, au lieu que la grâce remet seulement la peine sans anéantir le jugement de condamnation.

Art. 16. — La procédure devant les tribunaux maritimes commerciaux ne donne lieu à la perception d'aucuns frais ni d'aucunes taxes quelconques.

I. — Cet article dispose que la procédure devant les tribunaux maritimes commerciaux ne donne lieu à la perception d'aucuns frais. Ainsi, les citations aux té-

moins et aux prévenus, les actes d'information et le jugement lui-même ne procurent aucun honoraire aux
porteurs et aux rédacteurs, et sont exempts du timbre
et de l'enregistrement. Nous avons dit, au surplus, sous
les art. 28 et 36, quels étaient les agents chargés de
porter les exploits.

Cette disposition de la loi est conçue en termes abso-
lus. Cependant, peut-être doit-on penser qu'elle ne
se rapporte qu'aux actes de la procédure en eux-
mêmes, et qu'elle ne s'étend pas à certaines circonstances particulières que l'instruction peut amener. Ainsi,
dans le cas où il deviendrait nécessaire d'appeler un
témoin d'une résidence éloignée, on ne saurait se dis-
penser, ce nous semble, de lui allouer une indemnité.
On devra appliquer alors les dispositions du tarif criminel de 1811, et du décret du 7 avril 1813, qui
posent les règles suivantes :

Les témoins domiciliés à plus d'un myriamètre du
lieu où ils sont entendus, reçoivent 1 fr. par myriamètre parcouru en allant, et autant en revenant, s'ils ne
sortent pas de leur arrondissement; lorsqu'ils en sortent, l'indemnité est de 1 fr. 50 c. (Décret du 7 avril
1813, art. 2.)

Par chaque journée de séjour, les témoins déplacés
reçoivent 2 fr. dans les villes de 10,000 habitants et
au-dessus, et 1 fr. 50 c. dans les autres. (Tarif crim.,
art. 96.)

De même, s'il était nécessaire, pour éclairer la reli-
gion du tribunal, d'employer le ministère de médecins
ou d'experts, ils seraient en droit de réclamer les ho-

noraires fixés par les art. 17 et 22 du tarif criminel.

Ces indemnités et honoraires seront avancés par le trésor ; ils resteront à sa charge si le prévenu est acquitté ; sinon, le jugement le condamnera à les payer, et le recouvrement en sera effectué d'après le mode proscrit par l'art. 43 pour les amendes.

Quant aux comptables qui doivent faire cette avance, ils nous paraissent devoir être les mêmes que ceux qui, d'après le même art. 43, sont chargés de la perception des amendes. (Voir form. n° 28 *bis.*)

II. — Lorsqu'il y aura citation à la requête de la partie civile (voir art. 28, § VIII), elle avancera les frais dont nous venons de parler ; ils seront supportés par elle si elle succombe, et, dans le cas contraire, par le prévenu.

De plus, dans la même hypothèse de citation directe par la partie civile, si elle obtient gain de cause, le tribunal fera entrer en ligne de compte, dans les dommages-intérêts qu'il lui allouera, les frais de la citation au prévenu et des citations aux témoins qu'elle aura faites par le ministère d'un huissier.

III. — Enfin, lorsque le jugement accordera des dommages-intérêts, soit à la partie civile, soit au prévenu qui a été l'objet d'une dénonciation calomnieuse, dans les cas que nous avons indiqués sous l'art. 9, la partie qui les aura obtenus et qui voudra en poursuivre le recouvrement à l'aide de ce jugement, devra soumettre l'expédition qui lui en sera délivrée (voir sous les art. 39 et 40) à la formalité de l'enregistrement et du timbre, et avancer des frais qui en seront la conséquence, sauf à elle à s'en faire rembourser par le débiteur. Les jugements des tribunaux maritimes commerciaux n'étant pas sujets à l'enregistrement sur la minute, on doit observer, en ce qui les concerne, des règles analogues à celles qui sont tracées pour les actes passés en pays étrangers ou aux colonies, et dont on veut faire usage en France ; la partie en faveur de laquelle ils établissent une créance, doit les faire enregistrer avant de s'en servir. (Lois du 22 frimaire an vii, art. 23, et du 28 avril 1816, art. 58). La loi du 13 brumaire an vii, art. 13, contient, pour le timbre, des prescriptions semblables.

ART. 47. — Le greffier mentionne au bas du jugement si la sentence a ou non reçu son exécution. Le capitaine fait transcrire le jugement sur le livre de punition, auquel il reste annexé pour être remis au commissaire de l'inscription maritime du port de désarmement. La transcription ainsi faite est certifiée par le greffier.

I. — Lorsque la peine infligée a été subie, le greffier mentionne que le jugement a reçu son exécution.

Mais si le coupable a seulement commencé à accomplir la peine à laquelle il a été condamné, la prison, par exemple, sans l'avoir entièrement subie, on mentionnera que le jugement est en cours d'exécution.

Dans le cas où le coupable n'a pas accompli sa peine et n'a pas commencé à l'accomplir, mais où il a été pris des mesures pour la lui faire subir, par exemple, s'il a été envoyé en France, on le mentionnera, en disant que le jugement n'est pas exécuté, mais que le cou-

pable est envoyé en France pour y subir sa peine.
S'il était détenu pour être envoyé en France, on indiquerait également cette dernière circonstance.

Enfin, s'il n'a pas commencé à accomplir sa peine,
et qu'il n'ait pas été pris contre lui de mesures particulières pour la lui faire subir, dans le cas d'une amende,
par exemple, qui doit être payée au port de désarmement ou de débarquement, on mentionne simplement
que le jugement n'a pas reçu son exécution.

Une mention de cette nature est mise par le greffier
sur chaque expédition qu'il délivre.

C'est là, d'abord, une mesure d'ordre. De plus, il est
des cas où elle est utile à un autre point de vue, car
si la condamnation n'a pas été subie dans le lieu où elle
a été prononcée, l'autorité maritime du port d'arrivée
ou de débarquement en sera avertie par la présentation
de l'expédition annexée au livre de punition, ou, dans
tous les cas, de ce livre sur lequel cette expédition est
transcrite, et elle devra veiller à ce qu'il y soit donné
suite. C'est ce qui aura lieu dans les circonstances dont
nous avons parlé sous les art. 40, 41 et 43.

L'expédition annexée au livre de punition sera un
titre pour assurer l'exécution du jugement.

II. — Le capitaine est chargé de faire transcrire le
jugement sur le livre de punition, et, de plus, l'expédition qui lui est remise à cet effet reste annexée à ce livre.

Il est des cas où ces formalités ne peuvent pas être
remplies, c'est lorsqu'il n'aura pas été possible de rendre le jugement avant le départ du navire.

Nous avons vu, sous l'art. 42, que, lorsque la sentence est prononcée contre un capitaine de navire, le président du tribunal est lui-même chargé de mentionner, sur le livre de punition et sur le rôle d'équipage, la condamnation prononcée ; ce qui ne dispense pas ce capitaine de se conformer aux dispositions de l'art. 47.

Art. 48. — Le capitaine, maître ou patron qui aura négligé de se conformer aux prescriptions des chapitres 1er et II du titre II, sera puni d'une amende de vingt-cinq à trois cents francs.

L'art. 48 punit le capitaine, maître ou patron, qui néglige de se conformer aux prescriptions des chapitres I et II du titre II.

L'art. 86, qui prononce des pénalités bien plus sévères, prévoit le refus du capitaine d'accomplir les formalités ordonnées aux titres I et II, et, de plus, la négligence qu'il apporterait dans cet accomplissement. Ainsi, la disposition de l'art. 86 est beaucoup plus étendue que celle de l'art. 48, et embrasse, notamment, les faits auxquels se rapporte ce dernier article.

Pour combiner ces deux dispositions, il faut décider que celle de l'art. 48 s'appliquera à la négligence à remplir les formalités imposées par les chapitres I et II du titre II, et que celle qui est portée dans l'art. 86 devra frapper la négligence à se conformer aux prescriptions du titre I, et à celles du chapitre III du titre II, et, en outre, le refus d'obéir aux règles établies dans toute l'étendue de ces deux titres.

Nous disons que l'art. 48 est exclusivement appli-

cable aux faits qu'il concerne, parce que l'on doit toujours, en matière pénale, suivre la disposition la plus
favorable au prévenu.

CHAPITRE III.

De la forme de procéder en matière de crimes maritimes.

ART. 49. — Aussitôt qu'un crime a été commis à bord d'un
navire, le capitaine, maître ou patron, se conforme, pour constater les faits et pour procéder à l'instruction, aux art. 21 et 23
ci-dessus.

Il saisit, en outre, les pièces de conviction et fait arrêter le
prévenu.

Cet article dispose que lorsqu'un crime a été commis
à bord, on doit suivre la procédure indiquée par les
art. 21 et 23. Nous avons présenté, sous ces articles,
un exposé complet des détails de cette procédure; on
est prié de s'y reporter.

L'art. 49 prescrit de faire arrêter le prévenu; il est
donc nécessaire de le priver de sa liberté. Nous entrons, sous l'art. 98, dans quelques explications au
sujet de l'arrestation à bord d'un navire.

ART. 50. — Immédiatement après son arrivée dans un port
ou sur une rade de France ou d'une colonie française, le capitaine, maître ou patron, remet le prévenu et les pièces du procès au commissaire de l'inscription maritime du lieu.

Ce fonctionnaire complète au besoin l'instruction, transmet
les pièces dans les vingt-quatre heures au procureur impérial

6

de l'arrondissement, et pourvoit au transport du prévenu devant l'autorité judiciaire.

ART. 51. — Si le navire aborde dans un port étranger, le capitaine, maître ou patron, remplit envers le consul français les dispositions prescrites par le premier paragraphe de l'article précédent.

Le consul complète, au besoin, l'instruction dans le plus bref délai possible, et, s'il le juge nécessaire, fait débarquer le prévenu pour l'envoyer au port d'armement avec les pièces du procès.

A défaut du consul, le capitaine, maître ou patron, agit de la même manière à l'égard du commandant du bâtiment de l'État présent sur les lieux. Celui-ci procède comme l'eût fait le consul.

Ces deux articles prescrivent au capitaine la remise des pièces de la procédure au commissaire de l'inscription maritime, au commandant du bâtiment de l'État ou au consul, suivant les cas.

Nous avons trouvé cette même disposition dans l'article 26, en matière de délits; de plus, ainsi que nous l'avons vu sous le même art. 26, le capitaine doit déposer une plainte rédigée par lui, en même temps que les autres pièces du procès.

Nos articles contiennent, en ce qui touche la désignation du fonctionnaire auquel les pièces doivent être remises, deux légères modifications aux prescriptions de l'art. 26.

La première est que, d'après l'art. 26, cette remise, dans une rade des colonies françaises, doit être faite au commandant du bâtiment de l'État, tandis que, d'après l'art. 50, ce doit être au commissaire de l'inscription maritime.

La seconde, que, dans un port ou une rade à l'étranger, elle doit, aux termes de l'art. 26, avoir lieu entre les mains du commandant du bâtiment de l'État, ou, à défaut, entre celles du consul, alors que, d'après l'article 51, en matière de crimes, c'est le consul, ou, à défaut, le commandant du bâtiment de l'État, qui doit la recevoir.

Ce sont là des différences fort peu importantes, et dont l'inobservation ne saurait attirer un blâme bien grave sur le capitaine, car souvent la distinction entre les délits et les crimes n'est pas très-nettement tranchée, et peut même dépendre d'un événement ultérieur, par exemple de la durée de la maladie qui serait la suite de voies de fait. (Art. 60, 63.)

Le fonctionnaire auquel les pièces sont déposées doit compléter l'instruction, au besoin, parce qu'il pourrait arriver que les magistrats qui seront chargés ensuite de déférer le crime à la cour d'assises n'eussent pas les moyens de constatation et les témoignages que l'on trouve aisément sur le navire et parmi les gens du bord.

Le commissaire de l'inscription maritime transmet les pièces au procureur impérial, et fait transporter le prévenu dans la prison du lieu. (Form. n° 12 et 13.)

A l'étranger, le consul ou le commandant du bâtiment de l'État, fait mettre l'inculpé en lieu de sûreté, soit à terre, en requérant les autorités locales de s'emparer de lui, soit dans un navire français du port ou de la rade; puis il l'envoie dans un port de France ou des colonies françaises par le premier navire français qui s'y dirigera. Le port d'armement est désigné dans l'article 51 d'une manière indicative et non limitativement. Il résulte, en effet, de l'art. 15 de l'ordonnance du 29 octobre 1833, rapporté sous l'art. 26, § III, qu'il suffit d'envoyer le prévenu dans un port français. (Formule n° 13 *bis*.)

L'envoi pourrait être fait par le navire même à bord duquel le délit a été commis, s'il faisait retour et présentait des sûretés suffisantes pour la détention de l'inculpé.

TITRE III.

DE LA PÉNALITÉ.

CHAPITRE I.

Des peines.

Art. 52. — Les peines applicables aux fautes de discipline sont,

Pour les hommes de l'équipage,

1° La consigne à bord pendant huit jours au plus ;

2° Le retranchement de la ration de boisson fermentée pour trois jours au plus ;

3° La vigie sur les barres de perroquet, dans la hune, sur une vergue ou au bossoir pendant une demi-heure au moins et quatre heures au plus;

4° La retenue de un à trente jours de solde, si l'équipage est engagé au mois, ou de deux à cinquante francs, s'il est engagé à la part;

5° La prison pendant huit jours au plus;

6° L'amarrage à un bas mât sur le pont, dans l'entrepont ou dans la cale, pendant un jour au moins et trois jours au plus, à raison d'une heure au moins et de quatre heures au plus par jour;

7° La boucle aux pieds pendant cinq jours au plus;

8° Le cachot pendant cinq jours au plus.

La boucle et le cachot peuvent être accompagnés du retranchement de la ration de boisson fermentée, ou même de la mise au pain et à l'eau.

S'il s'agit d'un homme dangereux ou en prévention de crime, la peine de la boucle ou du cachot peut être prolongée aussi longtemps que la nécessité l'exige; mais, dans ce cas, il n'y a lieu qu'au retranchement de boisson fermentée.

Pour les officiers,

1° La retenue de dix à quarante jours de solde, s'ils sont engagés au mois, ou de vingt à cent cinquante francs, s'ils sont engagés à la part;

2° Les arrêts simples pendant quinze jours au plus avec continuation de service;

3° Les arrêts forcés dans la chambre pendant dix jours au plus;

4° La suspension temporaire des fonctions, avec exclusion de la table du capitaine et suppression de solde;

5° La déchéance de l'emploi d'officier, avec obligation de faire le service de matelot à la paie de ce grade jusqu'à l'époque du débarquement.

Pour les passagers de chambre,

1° L'exclusion de la table du capitaine;

2° Les arrêts dans la chambre.

Pour les passagers d'entrepont,

La privation de monter sur le pont pendant plus de deux heures chaque jour.

Ces peines ne pourront être appliquées pendant plus de huit jours consécutifs.

Cet article énumère les peines applicables aux fautes de discipline. Ces peines sont divisées en trois catégories :

La première concerne les matelots ;

La seconde, les officiers, dans le sens fixé par l'article 57 ;

Et la troisième, les passagers.

Celle-ci se subdivise elle-même en deux séries, l'une pour les passagers de chambre, et l'autre pour les passagers d'entrepont.

La nature même des choses nécessitait cette distinction. Certaines punitions très-convenables pour les matelots auraient l'inconvénient grave de porter atteinte à la dignité de l'officier, et seraient trop sévères pour les passagers. D'autres châtiments, efficaces envers les passagers et les officiers, sont inapplicables aux matelots. (Rapport de M. le Ministre de la marine.) De même, en ce qui touche les passagers de chambre et d'entrepont, les peines édictées pour les premiers ne pourraient pas, à raison de leur nature, être infligées au second.

Il est bien entendu que le capitaine, dans les circonstances où il est investi du pouvoir disciplinaire, aux termes de l'art. 6, peut, comme tout autre fonctionnaire chargé de ce pouvoir, infliger aux passagers et aux

officiers, de même qu'aux autres personnes du bord,
les pénalités qu'ils auront encourues en commettant des
fautes de discipline.

Notons qu'aux termes de l'art. 88 du décret, toutes
les sommes provenant des réductions de solde ou de
ration, prononcées en vertu du décret, sont versées
dans la caisse des invalides de la marine.

On doit rapprocher l'art. 52 de l'art. 59, suivant
lequel les marins, qui, pendant la durée de la peine
de la prison, de la boucle ou du cachot, infligée en
matière de discipline, sont remplacés dans le service à
bord du navire auquel ils appartiennent, supportent,
au moyen d'une retenue sur leurs gages, les frais de
ce remplacement.

Notre article donne au capitaine le pouvoir de mettre
à la boucle ou au cachot, aussi longtemps que cela sera
nécessaire, l'homme dangereux ou en prévention de
crime. Nous présenterons, sous l'art. 98, des explications au sujet des circonstances dans lesquelles le
capitaine peut, et de celles dans lesquelles il doit
employer la contrainte à l'encontre des personnes du
bord.

Art. 53. — Les peines que peut infliger le capitaine, maître
ou patron, aux termes de l'art. 7 du présent décret, sont :

1º La consigne pendant huit jours ;
2º Le retranchement de boisson fermentée pour trois repas ;
3º La vigie pour une heure ou la boucle pour un jour.

Les explications que comporte cet article ont été
données sous l'art. 7 ; on est prié de s'y reporter.

ART. 54. — Les officiers et les passagers de chambre ou d'entrepont qui, condamnés à une peine disciplinaire, refuseront de s'y soumettre, pourront être mis aux arrêts forcés pendant dix jours au plus.

Ces peines pourront être prolongées autant que la nécessité l'exigera, s'il s'agit d'un homme dangereux ou en prévention de crime.

Si un officier ou un passager refusait de subir une punition qui lui aurait été infligée, il pourrait être mis aux arrêts forcés; et, en cas de nouvelle résistance de sa part, nous verrons, sous l'art. 98, § III, comment le capitaine aurait le droit d'agir.

Nous pensons que celui qui ne se contenterait pas de désobéir à l'ordre qui lui enjoint d'accomplir une punition, mais qui, de plus, refuserait formellement de s'y conformer, pourrait être considéré comme coupable du délit de désobéissance avec refus formel d'obéir, prévu par l'art. 60, n° 2.

La seconde disposition de l'article autorise à prolonger les arrêts forcés autant que la nécessité l'exigera, s'il s'agit d'un homme dangereux ou en prévention de crime.

Il est manifeste que, si le capitaine jugeait que cette mesure fût insuffisante, il pourrait et devrait même faire enfermer en lieu de sûreté l'homme qui serait dans les conditions prévues par notre article, ou employer tout autre moyen de contrainte qui deviendrait nécessaire; en effet, l'art. 49 lui ordonne de faire arrêter l'inculpé; or, l'arrestation suppose comme conséquence la privation de la liberté avec des précautions qui soient de nature à prévenir toute tentative de violence ou d'évasion de la part de celui qui en est l'objet. Nous fournirons, du reste, sous l'art. 98, de plus amples explications à ce sujet.

ART. 55. — Les peines correctionnelles applicables aux délits sont :

1° L'amende de seize à trois cents francs ;

2° La boucle pendant vingt jours au plus, avec ou sans retenue d'une partie de la solde qui ne pourra en excéder la moitié ;

3° L'embarquement sur un bâtiment de l'État, à moitié solde de leur grade pour les officiers mariniers, ou à deux tiers de solde pour les quartiers-maîtres et les matelots.

La durée de cet embarquement correctionnel ne comptera ni pour l'avancement, ni pour les examens de capitaine du commerce ;

4° La perte ou la suspension de la faculté de commander ;

5° L'emprisonnement pendant six jours au moins et cinq ans au plus.

L'art. 55 énumère les peines correctionnelles en matière maritime, c'est-à-dire celles que les tribunaux maritimes doivent prononcer contre les auteurs des délits maritimes.

Il est manifeste que, parmi ces peines, celles qui sont indiquées sous les n° 1 et 5 sont les seules qui puissent être appliquées aux passagers.

Il y a lieu de faire observer que le maximum de l'amende, fixé à 300 fr. par cet article, est élevé jusqu'à 500 fr., dans certains cas spéciaux, par les articles 63, 70, 76, 82 et 86 du décret.

Aux termes de l'art. 88, les sommes provenant des

amendes et des réductions de solde, prononcées en vertu du décret, sont versées dans la caisse des invalides de la marine.

ART. 56. — Les peines en matière criminelle sont les mêmes que celles qui sont énoncées dans les lois ordinaires, sauf les cas prévus par le présent décret.

Les peines dont le décret fait l'application en matière criminelle, sont afflictives et infamantes ; ce sont : 1° la mort ; 2° les travaux forcés à temps ; 3° la réclusion.

On les appelle afflictives et infamantes, parce que, en même temps qu'elles causent de la souffrance, elles entraînent le déshonneur pour celui qui y est condamné.

ART. 57. — Sont compris sous la dénomination d'officiers,
Le capitaine, maître ou patron ;
Le second ;
Le lieutenant.
Le subrécargue et le chirurgien sont assimilés aux officiers pour l'application des peines seulement.

L'art. 57 détermine quelles sont les personnes comprises sous la dénomination d'officiers, qui revient souvent dans le cours du décret : ce sont les officiers majors, qu'il faut bien distinguer des officiers mariniers placés au-dessous d'eux.

Le subrécargue et le chirurgien sont assimilés aux officiers pour l'application des peines seulement. On pourrait comprendre que cette disposition ne se réfère qu'à la distinction établie par l'art. 52 entre les peines disciplinaires, et qu'elle signifie seulement que, pour l'application de ces peines, on doit les placer dans la même catégorie que les officiers. Mais nous pensons qu'elle a une portée plus étendue, et qu'elle veut dire encore qu'ils sont soumis aux peines édictées par les articles du décret qui prévoient spécialement des délits commis par les officiers. (Ex., art. 62, 72 et suivants.)

Il est bien entendu qu'ils ne peuvent être sujets aux répressions incompatibles avec la nature de leurs fonctions.

Le chirurgien et le subrécargue ne sont pas investis des attributions que la loi confère aux officiers ; par exemple, ils ne pourraient être juges dans le cas des art. 12 et suivants.

CHAPITRE II.

Des infractions et de leur punition.

SECTION 1ʳᵉ. — *Des fautes de discipline.*

Nous avons présenté, sous l'art. 1ᵉʳ, quelques observations au sujet de la distinction des diverses sortes d'infractions. Nous ajouterons ici que, pour reconnaître la nature d'une infraction, il est nécessaire de bien tenir compte des circonstances dans lesquelles elle se produit. C'est là, souvent, ce qui détermine à quelle classe elle appartient. Une circonstance aggravante fait parfois qu'une infraction qui, en elle-même, ne serait qu'une faute de discipline, devient un délit, et que celle qui ne serait qu'un délit passe dans la catégorie des crimes.

Ainsi, la désobéissance simple est une faute de discipline, la désobéissance avec injures ou menaces est un délit.

Même différence entre l'ivresse sans désordre et l'ivresse avec désordre; les querelles ou disputes sans voies de fait, et celles qui sont accompagnées de voies de fait; le manque de respect aux supérieurs, et l'outrage envers les supérieurs.

Nous donnerons, sous l'art. 60, § IV, des explications semblables relativement à la distinction des délits et des crimes.

Art. 58. — Sont considérées comme fautes de discipline,

1° La désobéissance simple;

2° La négligence à prendre son poste, ou à s'acquitter d'un travail relatif au service du bord;

3° Le manque au quart ou le défaut de vigilance pendant le quart;

4° L'ivresse sans désordre;

5° Les querelles ou disputes, sans voies de fait, entre les hommes de l'équipage ou les passagers;

6° L'absence du bord sans permission, quand elle n'excède pas trois jours;

7° Le séjours illégal à terre, moins de trois jours après l'expiration d'un congé;

8° Le manque de respect aux supérieurs;

9° Le fait d'avoir allumé une première fois des feux sans

permission, ou d'avoir circulé dans des lieux où cela est interdit à bord, avec des feux, une pipe ou un cigare allumés;

10° Le fait de s'être endormi une première fois étant à la barre, en vigie ou au bossoir;

11° Enfin, et généralement, tous les faits de négligence ou de paresse qui ne constituent qu'une faute légère ou un simple manquement à l'ordre ou au service du navire, ou aux obligations stipulées dans l'acte d'engagement.

Ces fautes seront punies de l'une des peines spécifiées à l'article 52, au choix des autorités désignées par l'art. 5 du présent décret.

Seront également considérées comme fautes de discipline les infractions au décret du 9 janvier 1852 et des réglements sur la pêche côtière, qu'en raison de leur peu de gravité les commissaires de l'inscription maritime ne croiront pas devoir déférer aux poursuites du ministère public.

Ces officiers d'administration prononceront, dans ce cas, contre les délinquants, un emprisonnement ou une interdiction de pêche d'un à cinq jours.

I. — Cet article contient l'énumération complète des fautes de discipline; il permet ainsi de voir, en un instant, si une infraction donnée est une faute de discipline.

Parmi ces fautes, il en est évidemment plusieurs qui ne peuvent être commises par les passagers, et qui sont attachées aux fonctions et aux devoirs spéciaux des marins.

II. — L'art. 58 ne spécifie pas la peine qui est applicable à chaque faute de discipline; il laisse ainsi au fonctionnaire investi du pouvoir disciplinaire, le droit d'infliger celle des pénalités indiquées par l'art. 52, qu'il juge le mieux convenir à la répression. Nous rappellerons seulement que ces pénalités varient suivant qu'elles s'appliquent à des matelots, à des officiers, à des passagers de chambre ou à des passagers d'entrepont. Il est indispensable d'observer cette distinction.

III. — Nous verrons, par l'art. 60, que les fautes de discipline réitérées constituent des délits. Nous présenterons, sous cet article, § III, les observations que cette matière comporte.

Art. 59. — Les marins qui, pendant la durée de la peine de la prison, de la boucle ou du cachot, prononcée en matière de discipline, sont remplacés dans le service à bord du navire auquel ils appartiennent, supportent, au moyen d'une retenue sur leurs gages, les frais de ce remplacement.

Dans le cas où un marin est condamné à la prison, à la boucle ou au cachot, en matière disciplinaire, il ne fait point, pendant la durée de sa peine, le travail auquel il est tenu ; par suite, s'il est remplacé dans son service, il est juste qu'il supporte les frais de ce remplacement; aussi lui seront-ils retenus sur ses gages.

Section ii. — *Des délits maritimes.*

Avant d'entrer dans l'examen des divers articles qui composent cette section, présentons quelques observations générales qui se rapportent à tous les délits maritimes. Ces observations intéressent particulière-

ment les tribunaux maritimes. Elles sont relatives :
1° au non cumul de peines ; 2° à la récidive ; 3° aux
circonstances atténuantes.

I. — Dans le silence du décret sur la question du non
cumul des peines, on doit se reporter à la loi générale,
et appliquer l'art. 365 du Code d'instruction criminelle,
aux termes duquel « en cas de conviction de plusieurs
crimes ou délits, la peine la plus forte sera seule prononcée. »

Cela posé, si un individu commet successivement
deux délits, le tribunal chargé de connaître de ces délits ne pourra pas prononcer deux pénalités distinctes,
dont une pour chaque délit ; il ne devra en infliger
qu'une seule, et ce sera la plus forte de celles que les
délits auront encourues, sans cependant que l'on soit
tenu de la porter au maximum.

Si, après que deux délits ont été commis, une condamnation était intervenue à raison de l'un d'eux seulement, l'autre n'ayant pas été soumis au tribunal en
même temps, il y aurait li u de prononcer une seconde
condamnation, à raiso de cet autre fait. Le tribunal
pourrait exprimer que la seconde peine se confondra
avec la première, et alors la plus forte sera seule exécutée. S'il ne le fait pas, et que les peines soient de la
même nature et ne diffèrent que par leur durée, elles
s'exécuteront successivement jusqu'à ce qu'elles attei-
gnent le maximum de la plus forte des pénalités établies par la loi pour les délits dont il s'agit. Si les
peines étaient de nature différente, la plus faible se

confondrait de plein droit avec la plus grave. (Cassation, 2 août 1833.)

II. — Si le premier délit avait déjà fait l'objet d'une condamnation lorsque le second a été accompli, les règles du Code pénal ordinaire amèneraient, dans certaines circonstances qu'il détermine, à aggraver la seconde condamnation, à raison de la récidive. Mais ces règles du Code pénal ordinaire, sur la récidive, ne sont pas applicables en matière de délits maritimes; les termes des art. 56, disposition finale, et 58 de ce Code, se refusent à cette extension. Le tribunal maritime pourra seulement, lorsqu'il le jugera nécessaire, appliquer le maximum de la peine.

Le décret n'aggrave la répression, à raison de la récidive en matière de délits maritimes, que dans deux cas spéciaux, art. 78 et 82.

III. — Les dispositions de l'art. 463 du Code pénal, sur les circonstances atténuantes, sont-elles applicables en matière de délits maritimes ?

La jurisprudence de la Cour de cassation décide que l'on ne peut accorder le bénéfice des circonstances atténuantes pour d'autres délits que ceux qui sont prévus et classés par le Code pénal. Elle a jugé, notamment, qu'elles ne doivent pas être admises en ce qui concerne les délits militaires. (Arrêt du 2 mars 1833). Cette interprétation s'induit de ce que, d'après les termes mêmes de l'art. 463, le législateur ne paraît pas avoir entendu disposer pour d'autres délits que ceux qui sont définis par le Code pénal. On doit donc décider que cet article est inapplicable à l'égard des délits maritimes.

Art. 60. — Les délits maritimes sont,

1° Les fautes de discipline réitérées ;

2° La désobéissance, accompagnée d'un refus formel d'obéir ;

3° La désobéissance avec injures ou menaces ;

4° Les rixes ou voies de fait entre les hommes de l'équipage, lorsqu'elles ne donnent pas lieu à une maladie ou à une incapacité de travail de plus de trente jours ;

5° L'ivresse avec désordre ;

6° L'emploi, sans autorisation, d'une embarcation du navire ;

7° La dégradation d'objets à l'usage du bord ;

8° L'altération des vivres ou marchandises par le mélange de substances non malfaisantes ;

9° Le détournement ou le gaspillage des vivres ou des liquides à l'usage du bord ;

10° L'embarque..... clandestin d'armes à feu, d'armes blanches, de poudre à tirer, de matières inflammables ou de liqueurs spiritueuses.

Ces objets seront saisis par le capitaine et, suivant qu'il y aura lieu d'après leur nature comme d'après les circonstances, détruits ou séquestrés dans sa chambre, pour être, dans ce dernier cas, confisqués au profit de la caisse des invalides de la marine à l'expiration du voyage ;

11° Le vol commis par un officier marinier, un matelot, un novice ou un mousse, quand la valeur de l'objet n'excède pas 10 fr., et qu'il n'y a pas eu effraction ;

12° La désertion ;

13° Les voies de fait contre un supérieur, lorsqu'elles ne donnent pas lieu à une maladie ou à une incapacité de travail de plus de trente jours ;

14° La rébellion envers le capitaine ou l'officier commandant le quart, lorsqu'elle a lieu en réunion d'un nombre quelconque

7

de personnes, sans excéder le tiers des hommes de l'équipage, y compris les officiers.

Ces délits seront punis des peines énoncées dans l'art. 55, au choix du juge, excepté dans les cas prévus par les articles suivants.

Indépendamment des délits énoncés dans cet article, il en est quelques-uns dont il ne parle pas, mais qui sont prévus par les articles suivants. Nous les indiquons ici, afin de compléter la liste des délits maritimes et de permettre de la parcourir d'un coup-d'œil. Ce sont :

15° L'outrage de la part d'un marin, par paroles, gestes, ou menaces, envers le capitaine ou un officier du bord. (Art. 61.)

16° Le même délit, de la part d'un officier envers son supérieur. (Art. 62.)

17° Les voies de fait de la part d'un passager envers le capitaine ou un officier du bord. (Art. 63.)

18° La complicité de désertion. (Art. 70.)

19° L'embarquement ou débarquement par les gens de mer, à l'insu du capitaine, maître ou patron, d'objets dont la saisie constitue l'armement en frais et dommages. (Art. 71.)

20° Les voies de fait de la part d'un officier envers un marin ou un passager. (Art. 72.)

21° Le fait d'un officier de s'enivrer habituellement ou pendant qu'il est de quart. (Art. 73.)

22° Le fait d'un homme de l'équipage de ne pas prêter main-forte pour l'arrestation d'un prévenu de crime. (Art. 98.)

Viennent ensuite les différents délits qui peuvent

être commis par le capitaine, maître ou patron. A cet égard, nous nous contentons de renvoyer aux art. 74 et suivants, jusqu'à l'art. 86, qui en renferment l'indication. Il suffira de s'y reporter lorsqu'on aura à s'occuper d'un délit de cette catégorie.

Il y a lieu de noter que, parmi ces derniers articles, les articles 74, 75 et 86 concernent également les officiers.

II. — Parmi les délits énoncés dans l'art. 60, il en est que le décret définit et frappe de peines spéciales par les articles qui suivent; il en est d'autres sur lesquels il ne revient plus.

Il punit, par l'art. 63, le délit mentionné sous le n° 13.

Par l'art. 64, le délit indiqué sous le n° 2.

Par les art. 65 à 69, le délit prévu sous le n° 12.

Enfin, par les art. 74 et 75, les délits compris sous les n°° 7 et 8, mais seulement pour le cas où ils sont commis par le capitaine, maître ou patron, ou par un officier.

Quant aux délits mentionnés sous les autres numéros, la loi n'en parle plus; en conséquence, d'après la disposition finale de l'art. 60, le tribunal devra leur appliquer, à son choix, l'une quelconque des pénalités indiquées par l'art. 55.

Le tribunal aura la même latitude à l'égard des délits énoncés sous les n°° 7 et 8, lorsqu'ils seront commis par d'autres que le capitaine, maître ou patron, ou un officier.

III. — Le n° 1 de notre article dispose que les fautes de discipline réitérées sont des délits : « La récidive communique à ces fautes, dit le rapport de M. le Ministre de la marine, un caractère assez grave pour les faire classer au nombre des délits. » Ainsi, lorsqu'une personne s'est rendue coupable d'une première faute de discipline, si elle en commet une seconde dans le même voyage, celle-ci constitue un délit. Le capitaine doit donc procéder pour cette seconde faute comme pour un délit ordinaire.

Il n'est pas besoin que la première faute ait été l'objet d'une punition lors de la perpétration de la seconde, pour qu'il y ait lieu à l'aggravation résultant de la récidive. Les termes du décret excluent, en effet, cette condition qui est imposée par la loi ordinaire (Code pénal, art. 483). Il suffit qu'il y ait eu deux fautes successives.

IV. — Nous avons fait remarquer, en tête du chapitre II, que l'on doit porter son attention sur les circonstances qui accompagnent les infractions, afin d'en distinguer les diverses natures. Nous pouvons fournir ici de nouveaux exemples pour montrer l'utilité de cette observation.

L'altération des vivres par le mélange de substances non malfaisantes est un délit; à l'aide de substances malfaisantes, elle est un crime. (Art. 94.)

La rébellion par un nombre d'hommes qui n'excède pas le tiers de l'équipage est un délit; par un nombre d'hommes supérieur elle est un crime. (Art. 95.)

La qualité des personnes qui commettent une infraction, exerce aussi quelquefois une influence sur sa nature. Ainsi, le vol commis par un capitaine, officier ou passager, est toujours un crime (art. 93); de la part d'un officier marinier, d'un novice ou d'un mousse, il n'y a crime que si le vol excède 10 fr., ou s'il a été commis avec effraction. (*Idem*).

Enfin, il est un cas où les suites de l'infraction servent à déterminer la classe à laquelle elle appartient : les voies de fait constituent un délit ou un crime, selon qu'elles entraînent une incapacité de travail de moins ou de plus de trente jours. (Art. 60, n°ˢ 4, 13, art. 63, 72, 79.)

Art. 61.—Tout marin coupable d'outrages par paroles, gestes ou menaces, envers son capitaine ou un officier du bord, sera puni d'un emprisonnement de six jours à un an, auquel il pourra être joint une amende de seize à cent francs.

Cet article se rapporte uniquement à l'outrage de la part d'un marin envers le capitaine ou un officier du bord.

Si l'outrage est commis par un passager, il peut se faire qu'il rentre dans le délit de désobéissance avec injures ou menaces, prévu par l'art. 60, n° 3, et alors il constitue un délit maritime. Dans le cas contraire, le fait devrait être considéré comme un délit commun, justiciable des tribunaux ordinaires, et passible de l'amende de 16 à 200 fr., édictée par l'art. 224 du Code pénal contre l'auteur d'un outrage par paroles, gestes ou menaces envers un agent dépositaire de la force

publique, dans l'exercice ou à l'occasion de l'exercice
de ses fonctions. Le capitaine et les officiers sont, en
effet, à bord, les seuls représentants de l'autorité publique. Le rapport de M. le Ministre de la marine s'ex-
plique formellement à cet égard, en ce qui concerne le
capitaine, en disant qu'il est rationel de l'assimiler
aux agents de la force publique; et cette assimilation
est établie par le décret, puisqu'il punit la rébellion envers le capitaine, et que ce délit n'existe, d'après la loi
ordinaire, qu'à l'égard des agents dont nous parlons.

Art. 62. — Tout officier coupable du même délit envers son
supérieur sera puni d'un emprisonnement d'un mois à deux ans
et d'une amende de cinquante à trois cents francs.

L'officier doit donner le bon exemple à ses subordonnés; aussi est-il puni plus sévèrement qu'un simple
marin pour le délit d'outrage envers ses supérieurs.

Art. 63. — Toute personne coupable de voies de fait envers
le capitaine ou un officier du bord sera punie d'un emprisonnement de trois mois à trois ans.
Une amende de vingt-cinq à cinq cents francs sera en outre
prononcée.
Si les voies de fait ont déterminé une maladie ou une incapacité de travail de plus de trente jours, les coupables seront punis
conformément à l'art. 309 du Code pénal.

Cet article s'applique aux passagers aussi bien qu'aux
marins.
Dans le cas prévu par la disposition finale de notre
article, les voies de fait deviennent un crime. L'ar-

ticle 309 du Code pénal, auquel il renvoie, prononce
la peine de réclusion ou celle des travaux forcés, suivant les circonstances.

ART. 64. — Tout marin qui aura formellement refusé d'obéir
aux ordres du capitaine ou d'un officier du bord pour assurer la
manœuvre sera puni de six jours à six mois de prison.

Une amende de seize à cent francs pourra être jointe à cette
peine.

Toute personne qui aura formellement refusé d'obéir aux
ordres donnés pour le salut du navire ou de la cargaison, ou
pour le maintien de l'ordre, sera punie d'un emprisonnement
de trois mois à cinq ans. Une amende de cent à trois cents
francs pourra, en outre, être prononcée.

L'art. 64 est relatif au refus formel d'obéir, que l'on
ne doit pas confondre avec la désobéissance simple,
qui est seulement une faute de discipline.

La première disposition de cet article ne concerne
que les marins.

La seconde s'applique aux passagers comme aux
marins; ils sont tenus d'obéir à tous les ordres donnés
pour le salut du navire ou de la cargaison, ou pour le
maintien de l'ordre.

ART. 65. — Les gens de mer qui, dans un port de France,
s'absentent sans permission pendant trois fois vingt-quatre
heures de leur navire ou du poste où ils ont été placés, ou laissent
partir le navire sans se rendre à bord après avoir contracté un
engagement, sont réputés déserteurs et punis de six jours de
prison.

Cette peine sera de quinze jours à deux mois pour les novices
et les mousses.

Les officiers mariniers et les matelots sont, en outre, levés pour le service de l'État et embarqués pour une campagne extraordinaire de six mois à un an, comme il est dit à l'art. 55.

Toutefois, le capitaine, maître ou patron du navire sur lequel le déserteur était embarqué, pourra obtenir sa réintégration à bord, en cas d'arrestation opérée avant le départ du navire ; mais alors ses gages seront réduits de moitié à partir du jour de la désertion jusqu'à l'expiration de l'engagement.

Cet article définit le délit de désertion dans un port de France, et prononce les pénalités qui y sont applicables.

Il y a désertion à l'intérieur de la part de tout homme de mer qui, ayant contracté un engagement, s'absente sans permission pendant trois jours, ou laisse partir le navire sans se rendre à bord.

Si l'arrestation du déserteur est opérée avant le départ du navire, l'autorité maritime peut, sur la demande du capitaine, le faire réintégrer à bord. Dans ce cas, il subira la réduction de solde fixée par notre article. Nous pensons qu'il n'y aura pas lieu de lui infliger d'autre pénalité ; en effet, l'art. 66 exprime formellement, pour le cas qu'il prévoit, que la réduction de gages est sans préjudice des autres peines qu'il édicte ; le législateur a eu évidemment une intention différente, pour les faits auxquels se rapporte notre article, puisqu'il a gardé le silence à ce sujet.

La désertion dans les colonies françaises est punie d'une manière spéciale par l'art. 67.

ART. 66. — Sont également réputés déserteurs, punis d'un mois de prison et condamnés à faire une campagne d'un à deux ans sur un bâtiment de l'État, comme il est dit à l'art. 55, les officiers mariniers et matelots qui, sur une rade étrangère ou dans un port étranger, s'absentent sans permission, pendant deux fois vingt-quatre heures, de leur navire ou du poste auquel ils ont été placés.

Les novices et les mousses seront condamnés à un emprisonnement d'un à trois mois.

Si le déserteur est arrêté et remis au capitaine, il achève le voyage à demi-gages, mais il n'en est pas moins passible des peines portées ci-dessus.

A l'étranger, il suffit que l'absence sans permission soit de deux jours pour qu'il y ait désertion.

Art. 67. — Tout inscrit maritime trouvé sur un navire appartenant à une puissance étrangère, s'il ne peut présenter une permission en règle d'une autorité française, ou prouver que son embarquement est résulté d'un cas de force majeure, sera puni conformément aux dispositions de l'article précédent.

Les gens de mer coupables de désertion dans les colonies françaises seront punis des mêmes peines.

Cet article punit la désertion dans les colonies françaises de la même peine que celle qui a lieu à l'étranger.

Il frappe également de la même répression tout inscrit maritime qui est sur un navire appartenant à une puissance étrangère, sans permission ou hors le cas de force majeure.

Si un capitaine au long-cours était trouvé sur un navire étranger, il y aurait lieu, soit de lui appliquer la peine de la prison, indiquée dans l'article précédent,

soit de déférer sa conduite au ministre de la marine,
qui pourrait user envers lui des mesures autorisées par
l'art. 87.

L'abandon du navire, de la part du capitaine, est,
au surplus, prévu et puni par l'art. 81.

ART. 68. — Sont aussi réputés déserteurs, punis de deux à
six mois de prison, et tenus de faire une campagne de trois ans
sur un bâtiment de l'État, comme il est dit à l'art. 53, les officiers mariniers et matelots de la marine marchande trouvés à
bord d'un navire de commerce naviguant sous pavillon d'une
puissance en guerre avec la France.

Dans ce cas, les novices et les mousses seront condamnés à
six mois de prison.

Comme on le voit, la pénalité est plus grave lorsque le navire étranger à bord duquel se trouve le marin français appartient à une puissance en guerre avec
la France.

En ce qui concerne les capitaines au long-cours,
auquel cet article ne paraît pas s'appliquer, on doit se
référer à ce qui est dit sous l'article qui précède.

ART. 69. — Tout déserteur perd de droit la solde par lui acquise sur le bâtiment auquel il appartenait au jour du délit. La
moitié de cette solde retourne à l'armement; l'autre moitié est
versée à la caisse des invalides de la marine.

Si le déserteur est redevable envers l'armement à l'époque de
sa désertion, il sera pourvu à l'acquittement de cette dette par
voie de retenues sur sa solde au service de l'État.

Cet article joint une répression pécuniaire aux autres

pénalités édictées par les articles précédents contre le
déserteur ; il ne peut réclamer les gages qui lui étaient
dus lorsqu'il a quitté le navire ; une moitié de ces gages
retourne à l'armement pour l'indemniser du préjudice
que peut lui avoir occasionné la désertion, et la seconde
est versée à la caisse des invalides de la marine.

Notons que, pendant l'embarquement au service de
l'État, le marin subit déjà, par application de l'art. 55,
une réduction de solde.

Indépendamment de cette réduction, il supportera
une retenue sur le surplus de sa solde, pour payer ce
qu'il restera devoir à l'armement.

Art. 70. — Les gens de mer complices de la désertion sont
punis des mêmes peines que le déserteur.

Les autres personnes également complices sont punies d'une
amende de seize à cinq cents francs et d'un emprisonnement de
dix jours à trois mois.

L'homme de mer complice de désertion subit la
même peine que le déserteur.

Pour le cas où le complice n'est pas un marin, notre
article fixe, d'une manière spéciale, la pénalité qui lui
est applicable.

Il nous paraît difficile, en présence de l'art. 3, d'appliquer l'art. 70 à d'autres personnes que celles qui
sont à bord d'un navire. Toutefois, si l'on croyait pouvoir, à raison de la généralité de ses termes, l'étendre
aux complices qui résideraient à terre, ce serait, bien
entendu, l'autorité ordinaire qui devrait connaître de
l'affaire à leur égard.

Art. 71. — Les gens de mer qui, à l'insu du capitaine, maître ou patron, embarquent ou débarquent des objets dont la saisie constitue l'armement en frais et dommages, sont punis d'un mois à un an de prison, indépendamment de l'amende par eux encourue à raison de la saisie et sans préjudice de l'indemnité due à l'armement pour les frais que la saisie a pu lui occasionner.

Cet article ne concerne que les gens de mer ; il est relatif au cas où ils commettent la contrebande à l'insu du capitaine. Si le capitaine en était informé, les gens de mer ne seraient plus punissables, mais le capitaine pourrait être passible de l'application de l'art. 77.

Les personnes autres que les gens de mer restent soumises à l'effet des lois ordinaires ; elles sont, bien entendu, responsables du préjudice qu'elles peuvent occasionner à l'armement.

Art. 72. — Tout officier qui, hors le cas de nécessité absolue, maltraite ou frappe un marin ou un passager, est puni d'un emprisonnement de six jours à trois mois.

La peine pourra être doublée s'il s'agit d'un novice ou d'un mousse.

Si les voies de fait ont occasionné une maladie ou une incapacité de travail de plus de trente jours, le coupable sera puni conformément à l'art. 309 du Code pénal.

Il résulte de notre article que, lorsque les voies de fait ont été commises dans le cas de nécessité absolue, il n'y a pas lieu d'appliquer une peine à l'officier qui en est l'auteur. L'art. 70 contient la même disposition à l'égard du capitaine. Nous renvoyons aux explications données sous ce dernier article.

ART. 73. — Tout officier qui s'enivre habituellement ou pendant qu'il est de quart est puni de quinze jours à un mois de prison et d'une amende de cinquante à trois cents francs.

Cet article n'a trait qu'à l'ivresse de l'officier. Celle du capitaine est prévue par l'art. 78.

La disposition de notre article au sujet de l'ivresse habituelle, repose sur cette règle posée par l'art. 60, que les fautes de discipline réitérées constituent un délit. D'après cela, il suffira qu'un officier se soit enivré deux fois pour qu'il doive être soumis aux pénalités édictées par notre article. Un seul fait d'ivresse serait, d'ailleurs, un délit, s'il avait lieu pendant que l'officier est de quart, ou encore, aux termes de l'art. 60, n° 5, s'il était accompagné de désordre.

ART. 74. — Tout capitaine, maître, patron ou officier qui, volontairement, détruit, dégrade ou vend un objet utile à la navigation, à la manœuvre ou à la sûreté du navire, est puni de quinze jours à trois mois de prison.

Il faut remarquer, sous cet article, que, dans le cas de vente d'un objet utile à la navigation, on devra rechercher si cette vente ne constitue pas le crime de vol prévu par l'art. 93 du décret. Elle aurait ce caractère si elle avait été faite avec l'intention de s'approprier frauduleusement le prix de la vente.

Notre article n'a pour but que de punir celui qui, en dehors de toute idée de profit personnel, prive le navire d'un objet de la nature de ceux dont nous parlons.

Si la destruction des effets du bord était faite par le capitaine dans une intention criminelle, il serait passible des pénalités indiquées dans l'art. 91.

ART. 75. — Est puni de la même peine tout capitaine, maître, patron ou officier qui, hors le cas de force majeure, a volontairement altéré les vivres, boissons et autres objets de consommation destinés aux passagers et à l'équipage, lorsqu'il n'y a pas eu mélange de substances malfaisantes.

Une amende de seize à trois cents francs pourra, en outre, être prononcée.

Le fait prévu par cet article perd son caractère coupable s'il a eu lieu dans un cas de force majeure. Lorsque ce cas se présentera, il sera bon de le faire constater, en se conformant aux prescriptions de l'article 76.

Notre article ne concerne que l'altération opérée sans mélange de substances malfaisantes. A l'égard de celle qui serait faite à l'aide de substances de cette nature, c'est l'art. 94 que l'on devrait suivre.

Si le capitaine ne s'est pas borné à altérer les vivres, et qu'il les ait détruits, il est soumis à l'application de l'art. 91.

ART. 76. — Tout capitaine, maître ou patron, qui, hors le cas de force majeure, prive l'équipage de l'intégralité de la ration stipulée avant le départ, ou, à défaut de convention, de la ration équivalente à celle que reçoivent les marins de la flotte, est tenu de payer, à titre de dommages-intérêts, cinquante centimes par jour pendant la durée du retranchement à chaque personne composant l'équipage, et peut, en outre, être puni de cinquante à cinq cents francs d'amende.

Les cas de force majeure sont constatés par procès-verbaux signés du capitaine, maître ou patron et des principaux de l'équipage, et alors même il est dû à chaque homme une indemnité représentative du retranchement auquel il a été soumis.

Cet article frappe d'une pénalité le capitaine qui ne donne pas aux gens de l'équipage l'intégralité de la ration stipulée, ou, à défaut de convention, une ration équivalente à celle des marins de la flotte. Il le soumet, en outre, à une indemnité pécuniaire vis-à-vis de chaque personne qui aura souffert un retranchement. Cette indemnité sera allouée par le jugement qui punira le délit.

Notre article ne semble parler que des marins ; toutefois ses dispositions s'appliquent, par identité de motifs, au cas où le capitaine prive les passagers d'une partie de la nourriture qui leur est due.

Lorsque, par suite de force majeure, il y a nécessité d'opérer un retranchement, il est indispensable de le constater par un procès-verbal signé du capitaine et des principaux de l'équipage. (Form. n° 31.)

Les principaux de l'équipage sont les officiers de bord et les maîtres d'équipage. On pourrait aussi comprendre dans cette désignation les différents autres officiers mariniers.

Même dans le cas où la force majeure a été ainsi établie, on doit à chaque homme une indemnité représentative de la part de ration dont il a été privé, afin que l'intérêt ne puisse jamais être le mobile qui porte le capitaine à recourir à de pareilles mesures.

Dans cette dernière hypothèse, comme il n'y a pas

de délit, ce sont les tribunaux civils qui, en cas de difficulté, connaîtront des réclamations relatives à cette
indemnité.

Art. 77. — Est puni de trois mois de prison tout capitaine,
maître ou patron qui, en faisant ou autorisant la contrebande,
donne lieu à une amende de moins de mille francs à la charge
de l'armement.

La peine de la prison sera de trois mois à un an, indépendamment de la suspension de commandement pendant deux ans au
moins et trois ans au plus, sans préjudice de l'action civile réservée à l'armateur, si la contrebande donne lieu, soit à la con-
fiscation du navire ou de tout ou partie de la cargaison, soit à
une amende de plus de mille francs.

Cet article prévoit le cas où le capitaine fait ou autorise la contrebande, et donne lieu, par suite, à une
amende à la charge de l'armement. Les pénalités qu'il
édicte sont indépendantes de l'action civile encourue
par le capitaine pour la réparation du préjudice causé
à l'armateur.

Art. 78. — Tout capitaine, maître ou patron qui s'enivre
pendant qu'il est chargé de la conduite du navire, est puni d'un
emprisonnement de quinze jours à un an. Il peut, en outre,
être interdit de tout commandement pendant un intervalle de
six mois à deux ans.

En cas de récidive, l'interdiction de commander peut être définitive.

Notons qu'un seul fait d'ivresse de la part du capitaine constitue un délit, à la différence de ce qui a lieu
pour l'officier; en effet, l'ivresse n'est un délit de la

part de ce dernier, aux termes de l'art. 73, que lorsqu'il s'y livre habituellement, à moins qu'il ne s'enivre
pendant qu'il est de quart.

En cas de récidive, c'est-à-dire si le capitaine commettait deux fois le délit prévu par notre article, le
tribunal pourrait le priver, d'une manière définitive, du
droit de commander. C'était là une sévérité nécessaire,
car non-seulement le capitaine qui s'enivre offre un dé-
testable exemple à ses subordonnés, et avilit son autorité
et sa dignité, mais encore il peut compromettre de la
manière la plus grave les intérêts qui lui sont confiés.

Nous disons qu'il suffit que le capitaine ait commis
deux fois le délit dont nous nous occupons, pour que
le tribunal puisse prononcer la privation définitive du
droit de commander. On ne saurait appliquer ici les
règles posées par les art. 56 à 58 du Code pénal ordinaire, qui exigent une condamnation antérieure pour
qu'il y ait lieu à aggravation de peine, à raison de la
récidive; la teneur de ces articles montre qu'ils ne sauraient s'adapter à la matière que nous traitons. Nous
avons vu d'ailleurs, sous l'art. 60, § III, que le décret
entend par récidive la simple réitération.

Art. 79. — Tout capitaine, maître ou patron qui se permet
ou tolère à son bord des abus de pouvoir, ou qui, hors le cas de
nécessité absolue, exerce des voies de fait envers son inférieur
ou un passager, est puni de six jours à trois mois de prison.

Le coupable peut, en outre, être privé de commander pendant
six mois au moins et deux ans au plus.

La peine pourra être doublée s'il s'agit d'un novice ou d'un
mousse.

Si les voies de fait ont entraîné une maladie ou une incapacité de travail de plus de trente jours, le coupable sera puni conformément à l'art. 309 du Code pénal.

Cet article concerne, en premier lieu, les abus de pouvoir que se permet ou tolère le capitaine, et, en second lieu, les voies de fait commises par lui.

Il y a abus de pouvoir toutes les fois que le capitaine se livre à des actes de répression ou de contrainte exagérés ou arbitraires, c'est-à-dire qui ne sont motivés ni par la loi, ni par la justice, ni par la nécessité. La sagesse des tribunaux leur fera comprendre les faits qui doivent rentrer dans cette catégorie, comme aussi ceux qui n'y sauraient être placés; la loi, en ne les indiquant pas, a voulu leur donner toute latitude à cet égard. Mais ils devront toujours, dans cette appréciation, tenir compte des circonstances où le capitaine s'est trouvé, des habitudes et des nécessités de la vie du bord.

Le capitaine est également coupable, toutes les fois qu'il tolère des faits de la même nature que ceux que nous venons d'indiquer, c'est-à-dire s'il n'empêche pas de les commettre, ou s'il n'en punit pas les auteurs.

Lorsque des voies de fait ont été exercées par le capitaine dans le cas de nécessité absolue, il ne saurait être puni. Il y a nécessité absolue, toutes les fois que le capitaine a été mû par l'obligation d'assurer le salut commun, ou de faire respecter son autorité méconnue. Le refus d'exécuter une manœuvre importante dans un

moment de péril, par exemple, autoriserait le capitaine
à se porter à des voies de fait, pour forcer l'auteur du
refus à agir. De même, si un homme du bord outrageait
le capitaine avec persistance, on pourrait excuser la
conduite de ce dernier, s'il le frappait pour mettre fin
à cette manière d'agir. Toutefois, nous ferons observer
que le capitaine devra éviter avec le plus grand soin
ces voies de fait, qui peuvent amener des scènes fâcheuses et compromettantes pour son caractère et sa
dignité. C'est surtout par une froide modération qu'il
doit imposer à ses subordonnés ; ainsi, dans le cas
d'outrage persistant que je citais tout-à-l'heure, il
devrait, plutôt que de frapper, se borner à requérir
les gens de l'équipage d'arrêter celui qui en serait
l'auteur, comme nous le dirons sous l'art. 98.

Art. 80. — Tout capitaine qui, en présence d'un péril quelconque, abandonne son navire à la mer, hors le cas de force
majeure dûment constaté par les officiers et principaux de l'équipage, ou qui, ayant pris leur avis, néglige de sauver l'argent ou
les marchandises précieuses avant d'abandonner le navire, est
puni d'un emprisonnement d'un mois à un an.

La même peine peut être prononcée contre le capitaine,
maître ou patron qui, forcé d'abandonner son navire, ne reste
pas à bord le dernier.

Dans l'un et l'autre cas, l'interdiction de commandement peut,
en outre, être prononcée pour un à cinq ans.

Cet article reproduit les prescriptions de l'art. 241
du Code de commerce, en les sanctionnant par une
pénalité.

Le péril ne délie pas le capitaine de l'obligation de

rester à son bord ; il la rend, au contraire, plus étroite, tant qu'il y a quelque chance de salut ; et même lorsque le naufrage est imminent et la perte du navire certaine, il doit être le dernier à le quitter.

Le capitaine ne peut abandonner le navire que sur l'avis des principaux de l'équipage ; il sont chargés par la loi de constater le cas de force majeure. Cet avis doit être pris avant l'abandon ; mais le procès-verbal qui l'établit peut n'être dressé qu'après, si les circonstances s'opposent à ce qu'il soit rédigé immédiatement.

Ce procès-verbal est signé par les officiers et les principaux de l'équipage ; mais le capitaine ne le signe pas. (Form. n 32.)

De plus, le capitaine est tenu de sauver l'argent et les marchandises précieuses. Dans le cas où il en aurait été empêché par force majeure, il serait bon de le constater dans le procès-verbal dont nous venons de parler, ou par un procès-verbal subséquent.

A défaut de remplir les différentes obligations dont nous venons de parler, le capitaine est passible des pénalités prononcées par notre article.

Art. 81. — Tout capitaine, maître ou patron qui, hors le cas d'un danger quelconque, rompt son engagement et abandonne son navire avant d'avoir été dûment remplacé, est puni, si le navire se trouvait en sûreté dans un port, d'un emprisonnement de six mois à deux ans ; si le navire était en rade foraine, la peine d'emprisonnement sera d'un an au moins et de trois ans au plus.

Dans l'un et l'autre cas, le coupable peut, en outre, être privé de commander pendant un an au moins et trois ans au plus.

Cet article prévoit le fait du capitaine qui rompt son engagement et abandonne son navire avant d'avoir été remplacé. La peine est plus ou moins forte, suivant les circonstances dans lesquelles le délit est commis.

Art. 82. — Tout capitaine ou maître qui favorise par son consentement l'usurpation de l'exercice du commandement à son bord, en ce qui touche la manœuvre et la direction nautique du navire, et consent ainsi à n'être que porteur d'expéditions, est puni d'un emprisonnement de quinze jours à trois mois et de l'interdiction de commandement pendant un an au moins et deux ans au plus.

En cas de récidive, l'interdiction de commandement peut être définitive.

La même peine d'emprisonnement sera prononcée contre toute personne qui aura indûment pris le commandement du navire. Le coupable sera, de plus, passible d'une amende de cent à cinq cents francs.

L'art. 82 a pour objet d'offrir une garantie à la navigation, en empêchant que le titulaire du commandement n'en puisse laisser l'exercice à un autre. Il importe, en effet, que la manœuvre et la direction du navire ne soient conduites que par ceux à qui l'État a reconnu une capacité suffisante.

En cas de récidive, c'est-à-dire si un capitaine commettait deux fois le délit prévu par notre article, le le tribunal pourrait le priver définitivement de la faculté de commander. (Voir sous l'art. 78 ce que nous disons relativement à la récidive.)

L'homme qui aurait profité de la faiblesse du capitaine pour prendre le commandement du navire, serait lui-même passible des peines prononcées par notre article.

ART. 83. — Est puni d'une amende de vingt-cinq à trois cents francs tout capitaine, maître ou patron qui ne se conforme point aux mesures prescrites par les art. 224, 225 et 227 du Code de commerce.

La même peine peut être appliquée au capitaine, maître ou patron qui, hors le cas d'impossibilité absolue, vingt-quatre heures après son arrivée dans un port français, dans une colonie française ou dans un port étranger où réside un consul de France, ne dépose pas son rôle d'équipage, soit au bureau de la marine, soit à la chancellerie du consulat.

I. — L'art. 83 punit le capitaine qui néglige de se conformer aux mesures prescrites par les art. 224, 225 et 227 du Code de commerce.

Ces articles sont ainsi conçus :

« 224. — Le capitaine tient un registre coté et paraphé par l'un des juges du tribunal de commerce, ou par le maire ou son adjoint, dans les lieux où il n'y a pas de tribunal de commerce. Ce registre contient les résolutions prises pendant le voyage, la recette et la dépense concernant le navire, et généralement tout ce qui concerne le fait de sa charge, et tout ce qui peut donner lieu à un compte à rendre, à une demande à former.

» 225. — Le capitaine est tenu, avant de prendre charge, de faire visiter son navire, aux termes et dans les formes prescrits par les réglements. Le procès-verbal de visite est déposé au greffe du tribunal de commerce ; il en est délivré extrait au capitaine.

» **227.** — Le capitaine est tenu d'être en personne dans son navire, à l'entrée et à la sortie des ports, havres ou rivières. »

II. — Sur la demande qui nous en a été faite par des capitaines de navire, nous entrons ici dans quelques explications au sujet des procès-verbaux de visite dont il est parlé dans l'art. 225 du Code de commerce, et nous en donnons un formule. (Form. n° 33.)

Les dispositions encore en vigueur en cette matière, sont celles de la déclaration royale du 17 août 1779, dans les parties qui n'ont pas été abrogées, et celles de la loi du 13 août 1791.

Une circulaire du ministre de la marine, du 30 novembre 1827, a pour objet de faire ressortir les règles que l'on doit suivre, et d'établir une uniformité qui manquait à cet égard. Nous la prendrons pour base des observations auxquelles nous allons nous livrer.

Quant au nombre et à l'époque des visites, le renvoi aux réglements énoncés en l'art. 225 du Code de commerce, détermine l'application combinée de la déclaration royale et de la loi précitées.

Pour les navires destinés au long-cours, il doit être fait deux visites à chaque nouveau voyage, l'une avant, l'autre après l'armement. (Loi de 1791, titre III, articles 12, 13, 14.)

Pour les navires affectés au cabotage, il n'y a lieu d'exiger qu'une seule visite par an, sauf l'existence notoire d'avaries majeures survenues avant l'expiration de ce terme. (Déclaration de 1779, art. 3.)

Il doit y avoir des experts, pour la visite des navires, dans toutes les villes maritimes; mais le tribunal de commerce n'a le droit de choisir que ceux qui sont destinés à exercer dans le chef-lieu du ressort; partout ailleurs, la nomination en appartient au maire de la commune. (Loi de 1791, titre iii, art. 6.)

Ces experts doivent être au nombre de deux (même loi, art. 12); et quant à leur profession, la loi de 1791, titre iii, art. 3, dit que la visite sera faite par d'anciens navigateurs. C'est donc à deux experts de la profession de navigateur que la loi de 1791 a limité la commission de visite, qui, d'après la déclaration de 1779, devait être formée de trois experts : un capitaine, un constructeur et un charpentier.

Notons ici que la circulaire semblerait dire que la condition que les deux experts soient navigateurs semble être seule exigée par la loi de 1791. Cependant l'art. 11 du titre iii de cette loi, prescrit, en outre, qu'ils aient trente ans accomplis, et qu'ils possèdent le brevet d'enseignes dans la marine française, c'est-à-dire qu'ils soient capitaines de navire. Ce n'est qu'à défaut d'hommes remplissant ces conditions que l'on pourrait choisir d'autres experts.

Malgré les prescriptions formelles de la loi de 1791, on suit encore, dans plusieurs ports, et notamment dans le port de Bordeaux, les règles tracées par la déclaration de 1779, quant à la profession des experts; c'est-à-dire qu'il est procédé aux visites par un capitaine de navire, un constructeur et un charpentier.

Cette composition de la commission est, sans doute,

conforme à l'esprit de l'institution, mais elle s'écarte de la lettre de la loi, et elle pourrait ainsi faire naître des difficultés. La commission devrait toujours comprendre deux capitaines de navire, sauf à y ajouter un constructeur, ainsi que l'indique la circulaire dont nous parlons.

Les experts sont nommés, soit chaque fois qu'il y a lieu de procéder à une visite, soit pour une année. Dans le premier cas, la nomination se fait à la suite d'une requête adressée aux magistrats qui en sont chargés; dans le second, ils y procèdent d'office au commencement de chaque année. Les experts doivent être nommés pour une année, dans tous les ports où il y a lieu fréquemment de procéder à des visites. Il en résulte une économie notable dans les frais.

Les experts prêtent serment devant l'autorité qui les a nommés, de bien et fidèlement remplir la mission qui leur est confiée.

Les procès-verbaux de visite sont déposés au greffe du tribunal de commerce. (Code de commerce, article 225.)

Pour les ports où il n'y a pas de tribunal de commerce, l'ordonnance royale du 1er novembre 1826 dispose que les procès-verbaux peuvent être reçus par le juge-de-paix du canton. Dans les vingt-quatre heures de leur remise, le capitaine peut s'en faire délivrer un extrait par le greffier de la justice-de-paix. A l'expiration de ce délai de vingt-quatre heures, le juge-de-paix est tenu d'envoyer les procès-verbaux au président du tribunal de commerce le plus voisin, et le dépôt en est fait au greffe de ce tribunal.

Pour l'étranger, l'ordonnance royale du 29 octobre 1833 s'exprime ainsi :

« ART. 43. — Lorsque des navires français destinés aux voyages de long-cours armeront ou réarmeront dans leur arrondissement, les consuls tiendront la main à ce que ces navires, avant de prendre charge, soient soumis à la visite prescrite par l'art. 225 du Code de commerce et par la loi du 9 août 1791, titre III, articles 11 à 14. »

Les consuls nomment eux-mêmes les officiers visiteurs, et le procès-verbal de ces derniers doit être déposé à la chancellerie du consulat; le chancelier en délivre expédition ou extrait dans le plus bref délai.

À défaut de consul dans le lieu de l'armement, la nomination des experts pourrait être faite par les magistrats du lieu.

III. — L'art. 83, par sa disposition finale, oblige le capitaine, hors le cas d'impossibilité absolue, à déposer son rôle d'équipage vingt-quatre heures après son arrivée dans un port, soit en France, soit à l'étranger, lorsqu'il y réside un consul. C'est dans ce même délai qu'il doit faire son rapport, aux termes des art. 242 et 244 du Code de commerce.

ART. 84.—Est puni d'une amende de vingt-cinq francs à cent francs, à laquelle il peut être joint un emprisonnement de six jours à un mois,

Tout capitaine, maître ou patron qui, à moins de légitimes motifs d'empêchement, s'abstient, à son arrivée sur une rade étrangère ou à son départ, de se rendre à bord du bâtiment de guerre français commandant le rade;

Tout capitaine, maître ou patron qui, sans empêchement légitime, ne se conforme pas aux règles établies pour la police de la rade, après qu'il lui en a été donné connaissance.

Tout capitaine de navire, à son arrivée sur une rade étrangère, doit se rendre à bord du bâtiment de guerre français commandant la rade. Il remplira la même formalité au départ.

De plus, il est tenu de se conformer aux règles établies pour la police de la rade, dès qu'il lui en a été donné connaissance.

Un empêchement légitime pourrait seul l'excuser d'avoir manqué à ces prescriptions.

Art. 85.— Est puni d'une amende de cinquante à trois cents francs, à laquelle peut être ajouté un emprisonnement de dix jours à six mois,

Tout capitaine, maître ou patron qui refuse d'obéir aux ordres relatifs à la police de la navigation émanant des autorités militaires de la marine, des commissaires de l'inscription maritime, des consuls, des syndics et autres agents maritimes, ou qui outrage ces officiers, fonctionnaires et agents, par paroles, gestes ou menaces, dans l'exercice de leurs fonctions ou à l'occasion de cet exercice.

Cet article punit, en premier lieu, le refus de la part du capitaine d'obéir aux ordres émanés des autorités qui y sont indiquées, relativement à la police de la navigation, et, en second lieu, l'outrage par gestes, paroles ou menaces envers ces mêmes autorités.

Les peines qui y sont fixées offrent des limites assez
étendues pour permettre de les proportionner au degré
de gravité du fait.

Art. 86. — Tout capitaine, maître, patron ou officier qui
refuse ou néglige de remplir les formalités prescrites aux titres
1er et 11 du présent décret, est puni d'une amende de cinquante à
cinq cents francs.

Il pourra, en outre, être prononcé un emprisonnement de six
jours à un an.

Nous avons déjà dit, sous l'art. 48, comment ses
dispositions se combinent avec celles de l'art. 86 à
l'égard du capitaine.

Art. 87. — Indépendamment des cas de suspension ou de
retrait de la faculté de commander, prévus par le présent décret, le ministre de la marine peut, par continuation, infliger
cette même peine, lorsqu'il le juge nécessaire, après une enquête contradictoire, dans laquelle le capitaine est entendu.

Lorsqu'un capitaine aura fait preuve d'incapacité,
du défaut de l'énergie nécessaire à ses fonctions, ou
aura manqué gravement à ses devoirs, le ministre de la
marine sera en droit de le priver de la faculté de commander pendant un temps plus ou moins long, ou même
d'une manière définitive. Il en pourra être ainsi, alors
même que les faits imputés au capitaine ne rentreraient
pas dans les délits prévus par le décret. Mais une pareille décision du ministre n'intervient qu'après une
enquête, dans laquelle le capitaine est entendu, ou à
laquelle, du moins, il est mis en demeure d'assister.

La disposition de notre article est encore rendue dans le but d'augmenter la sécurité de la navigation maritime, en ne laissant à la tête des navires que des hommes capables et dignes de les commander.

Art. 88. — Toutes les sommes provenant des amendes et des réductions de solde ou de rations prononcées aux termes du présent décret seront versées dans la caisse des invalides de la marine.

Le prix de la ration retranchée sera déterminé par le commissaire de l'inscription maritime du port de désarmement.

Nous avons vu, sous l'art. 43, quels sont les fonctionnaires chargés de percevoir les amendes.

Quant à la valeur des réductions de ration, et au montant des réductions de solde, infligées, soit en matière de discipline, soit à raison de délits, ils sont versés, dans le port de désarmement, entre les mains du trésorier des invalides de la marine.

Il est bien entendu que cet article ne s'applique pas aux retenues de gage opérées pour faire face aux frais de remplacement des marins condamnés à la prison, à la boucle ou au cachot, en matière disciplinaire (article 59); le montant en est versé à l'armement qui en est créancier.

L'art. 69 contient une disposition spéciale en ce qui touche la solde acquise au jour de la désertion; une moitié de cette solde seulement est versée à la caisse des invalides de la marine; l'autre moitié retourne à l'armement.

SECTION III. — *Des crimes.*

I. — Il y a lieu de noter que le décret modifie la loi ordinaire sur un point important.

D'après l'art. 309 du Code pénal, les voies de fait constituent un crime dès qu'elles entraînent une maladie ou incapacité de travail pendant plus de vingt jours.

Aux termes du décret, il faut que la maladie ou l'incapacité de travail dure plus de trente jours pour qu'il y ait crime. (Art. 60, nos 4 et 13, et art. 63, 72, 79). Cette disposition constitue une exception favorable aux personnes placées sous l'application du décret; il est important de la signaler à l'attention. Elle est motivée, comme le dit M. le Ministre dans son Rapport, par la difficulté de constater, à bord, en l'absence d'un chirurgien, la durée véritable de la maladie, et surtout l'incapacité de travail provenant de sévices.

ART. 89. — Tout individu inscrit sur le rôle d'équipage qui, volontairement, et dans une intention criminelle, échoue, perd ou détruit par quelque moyen que ce soit, autre que celui du feu ou d'une mine, le navire sur lequel il est embarqué, est puni de dix à vingt ans de travaux forcés.

Si le coupable était, à quelque titre que ce soit, chargé de la conduite du navire, il lui sera appliqué le maximum de la peine.

S'il y a eu homicide ou blessure par le fait de l'échouement, de la perte ou de la destruction du navire, le coupable sera, dans le premier cas, puni de mort, et, dans le second, puni des travaux forcés à temps.

Celui qui incendie un navire ou qui le détruit par

l'effet d'une mine, est puni de mort, aux termes des art. 434 et 435 du Code pénal.

Notre article prononce de dix à vingt ans de travaux forcés contre tout homme inscrit sur le rôle d'équipage, marin ou passager, qui, par quelque moyen que ce soit, autres que ceux dont nous venons de parler, amène l'échouement, la perte ou la destruction du navire.

La peine est toujours du maximum lorsque le coupable est chargé de la conduite du navire, à quelque titre que ce soit.

Si, enfin, il y a eu mort d'homme, par suite des faits que prévoit notre article, la pénalité atteint la dernière limite de gravité.

Dans le cas où ces faits auraient occasionné des blessures, bien que le texte ne parle que des travaux forcés à temps, c'est évidemment le maximum de cette peine que l'on devra appliquer.

Art. 90 — Tout capitaine, maître ou patron qui, dans une intention frauduleuse, détourne à son profit le navire dont la conduite lui est confiée, est puni de vingt ans de travaux forcés, sans préjudice de l'action civile réservée à l'armateur.

Art. 91. — Est puni des travaux forcés à temps tout capitaine, maître ou patron qui, volontairement, et dans une intention criminelle, fait fausse route, ou jette à la mer ou détruit sans nécessité tout ou partie du chargement, des vivres ou des effets du bord.

Ces deux articles prévoient des faits graves de baraterie de patron, à savoir :

Le détournement du navire par le capitaine, à son profit;

Le cas où il fait fausse route volontairement;

Et celui où il jette à la mer ou détruit sans nécessité tout ou partie du chargement, des vivres ou des effets du bord.

Il y a destruction des vivres toutes les fois qu'ils sont rendus absolument impropres à la nourriture de l'homme.

Il est bien entendu que les pénalités prononcées par nos articles sont indépendantes de l'action civile, qui appartient tant aux armateurs qu'aux autres personnes lésées par ces crimes du capitaine.

Il importe de ne pas confondre les faits prévus par l'art. 91, avec ceux que concernent les art. 74, 75 et 94. Nous présentons, sous ces trois derniers articles, des observations destinées à faciliter la distinction dont nous parlons.

ART. 92. — Est puni de la réclusion tout capitaine, maître ou patron qui, dans une intention frauduleuse, se rend coupable de l'un des faits énoncés à l'art. 236 du Code de commerce, ou vend, hors le cas prévu par l'art. 237 du même Code, le navire dont il a le commandement, ou opère des déchargements en contravention à l'art. 248 dudit Code.

Les articles du Code de commerce auxquels renvoie l'art. 92, concernent, savoir : l'art. 236, les emprunts sur le corps, l'avitaillement ou l'équipement du navire; l'engagement ou la vente des victuailles et marchandises, hors le cas de nécessité, et le fait d'employer dans les comptes des avaries ou des dépenses supposées ; l'art. 237, la vente du navire hors le cas d'innavigabilité légalement constatée ; et l'art. 248, le déchargement de marchandises avant le dépôt du rapport du capitaine, hors le cas de péril imminent.

On sait que l'innavigabilité se constate par un rapport d'experts nommés conformément aux prescriptions que nous avons rapportées sous l'art. 83. A l'étranger, cette nomination est faite par le consul, ou, à défaut de consul, par les magistrats du lieu, ainsi que nous le disons sous cet article.

Pour que les faits que nous venons d'indiquer tombent sous l'application de notre article, il faut qu'ils aient été accompagnés d'une intention frauduleuse ; l'ignorance ou l'impéritie ne suffiraient pas pour entraîner les pénalités qu'il prononce.

ART. 93. — Les vols commis à bord de tout navire par les capitaines, officiers, subrécargues ou passagers, sont punis de la réclusion.

La même peine est prononcée contre les officiers mariniers, marins, novices et mousses, quand la valeur de l'objet volé excède dix francs, ou quand le vol a été commis avec effraction.

Le vol commis à bord est un crime.

Il n'y a d'exception à cet égard qu'en ce qui concerne les officiers mariniers et les marins, novices et mousses : le vol ne constitue un crime de leur part que si l'objet volé a une valeur supérieure à 10 fr., ou bien si le vol est commis avec effraction, l'objet volé valût-il même moins de 10 fr.; au-dessous de 10 fr., et à défaut d'effraction, le vol dont ils se rendent coupables est un simple délit prévu par l'art. 60, n° 11, du décret.

ART. 94. — Sont punies de la même peine toutes personnes embarquées, à quel titre que ce soit, qui altèrent volontairement les vivres, boissons ou autres objets de consommation, par le mélange de substances malfaisantes.

L'altération des vivres à l'aide de substances non malfaisantes, est puni par l'art. 75, en ce qui concerne le capitaine et les officiers, et par l'art. 60, n° 8, à l'égard de toutes autres personnes.

L'art. 94 prévoit l'altération des vivres à l'aide de substances malfaisantes, et il s'applique quels qu'en soient les auteurs, capitaine, officiers, marins, passagers ou autres.

Dans le cas où l'altération serait faite par le capitaine, maître ou patron, et amènerait la destruction des vivres, on devrait prononcer contre lui les pénalités édictées dans l'art. 91.

ART. 95. — Tout acte de rébellion commis par plus du tiers de l'équipage est puni de la réclusion.

Si les rebelles étaient armés, la peine des travaux forcés à temps sera prononcée.

Les rebelles sont réputés armés s'il se trouve parmi eux un ou plusieurs hommes porteurs d'une arme ostensible.

Les couteaux de poche entre les mains des rebelles sont réputés armes par le fait seul du port ostensible.

Cet article détermine dans quel cas la rébellion de-

vient un crime : c'est lorsqu'elle est faite par plus du
tiers de l'équipage. On doit entendre par là, une réunion de personnes, marins, passagers ou autres, excé-
dant en nombre le tiers de l'équipage, y compris les
officiers. Le rapprochement de notre article et de l'article 60, n° 14, montre qu'on ne peut admettre que
cette interprétation.

Si les rebelles sont armés, la peine qu'ils encourent
est plus grave. On doit comprendre dans le mot armes,
aux termes de l'art. 101 du Code pénal, toutes ma-
chines, tous instruments ou ustensiles tranchants, per-
çants ou contondants.

Les rebelles sont réputés armés, par cela seul qu'un
ou plusieurs d'entre eux sont porteurs d'une arme
ostensible, fût-ce même un couteau de poche. Sur ce
dernier point, notre article déroge à l'art. 101 du
Code pénal.

Nous verrons par l'art. 99, qu'en cas de rébellion,
la résistance du capitaine et des hommes qui lui restent
fidèles, est considérée comme un acte de légitime défense.

Art. 96. — Tout complot ou attentat contre la sûreté, la liberté ou l'autorité du capitaine, maître ou patron, est puni de
la réclusion.

La peine des travaux forcés à temps sera prononcée contre
tout officier impliqué dans le complot ou l'attentat.

On entend par complot la résolution d'agir concertée et arrêtée entre deux personnes au moins, embarquées à bord d'un
navire.

Cet article est le complément de celui qui précède.

Il punit d'une pénalité sévère l'attentat, c'est-à-dire le commencement d'exécution d'un complot formé contre le capitaine, et il frappe de la même peine le complot, qui se définit : la simple résolution d'agir contre le capitaine, concertée et arrêtée entre deux ou plusieurs personnes embarquées à bord du navire.

L'officier est, comme il convient, puni plus sévèrement que les autres coupables.

TITRE IV.

DISPOSITIONS DIVERSES.

ART. 97. — Le capitaine, maître ou patron, a, sur les gens de l'équipage et sur les passagers, l'autorité que comportent la sûreté du navire, le soin des marchandises et le succès de l'expédition.

L'explication de cet article est comprise dans celle que nous donnons sous l'article suivant.

ART. 98. — Le capitaine, maître ou patron, est autorisé à employer la force pour mettre l'auteur d'un crime hors d'état de nuire, mais il n'a pas juridiction sur le criminel, et il doit procéder à son égard suivant les prescriptions des art. 49, 50 et 51 ci-dessus.

Les marins de l'équipage sont tenus de prêter main-forte au capitaine pour assurer l'arrestation de tout prévenu, sous peine d'un mois à un an de prison, indépendamment d'une retenue de solde d'un à trois mois.

I. — Cet article autorise le capitaine, maître ou patron, à employer la force pour mettre l'auteur d'un crime hors d'état de nuire, et impose aux marins de l'équipage, sous certaines pénalités, l'obligation de lui prêter main-forte pour assurer l'arrestation du prévenu.

Nous avons déjà vu que l'art. 49 prescrit au capitaine de faire arrêter l'homme prévenu de crime.

Les art. 52 et 54 lui confèrent, à l'égard des hommes dangereux ou en prévention de crime, le droit de les faire mettre au cachot ou à la boucle, s'il s'agit d'un matelot, ou aux arrêts forcés, s'il s'agit d'un officier ou d'un passager, aussi longtemps que la nécessité l'exigera. Nous avons dit, sous l'art. 54, que si les arrêts forcés paraissaient insuffisants, le capitaine pourrait employer la prison ou tel autre mode de contrainte qu'il jugerait nécessaire.

Ainsi, l'homme dangereux doit être arrêté et privé de sa liberté, de même que l'homme en prévention de crime. C'est là, pour le capitaine, non-seulement un droit, mais encore un devoir; il pourrait être rendu responsable des conséquences fâcheuses qu'entraînerait sa négligence ou son défaut d'énergie à l'égard de pareils hommes; et même, si le prévenu s'évadait, le capitaine pourrait être passible des peines portées par l'art. 239 du Code pénal, contre celui qui, étant préposé à la garde ou à la conduite d'un prévenu, le laisse évader par sa négligence, sans préjudice de peines plus graves en cas de connivence.

II. — Mais les hommes dangereux ou en prévention de crime, sont-ils les seuls que le capitaine puisse mettre en état d'arrestation ?

La force des choses montre qu'il n'en saurait être ainsi : le capitaine représente, à son bord, l'autorité publique ; il est le délégataire de ses pouvoirs et aussi de ses devoirs.

Ainsi, lorsqu'un individu est prévenu d'un délit et surtout d'un délit de quelque gravité, lors même qu'il ne serait pas un homme dangereux, le capitaine doit le priver de sa liberté, par les moyens que nous avons indiqués plus haut, dans tous les lieux où il y aurait à craindre qu'il ne s'évadât. Et encore, lorsqu'un homme commet un délit de nature à compromettre l'ordre à bord du navire, et le respect dû à l'autorité du capitaine, s'il outrage ce dernier, par exemple, le capitaine peut le faire arrêter immédiatement et le priver de sa liberté aussi longtemps que cela sera utile. C'est là une conséquence qui dérive de la force des choses, et du principe posé par l'art. 97, dont nous parlons sous le § v ci-après.

III. — Lorsqu'un individu est condamné à une peine disciplinaire et qu'il refuse de l'exécuter, le capitaine peut l'y contraindre, et requérir, dans ce but, l'assistance des gens de l'équipage.

En effet, aux termes de l'art. 6, le capitaine a le droit de faire appliquer les peines disciplinaires qu'il prononce; nul doute donc qu'il n'ait, comme l'autorité ordinaire, lorsqu'une décision est rendue en matière de contravention, le droit d'employer la contrainte pour faire exécuter la pénalité infligée. Il est des cas où il peut se trouver dans la nécessité d'en agir ainsi, pour faire respecter son autorité.

Nous avons vu, sous l'art. 54, que si un passager ne veut pas subir une peine disciplinaire, il peut être condamné aux arrêts forcés; s'il se refuse à se soumettre à cette nouvelle pénalité, le capitaine pourra l'y contraindre.

Du reste, dans tous les cas, le refus formel d'accomplir une peine disciplinaire peut être considéré comme un délit de désobéissance avec refus formel d'obéir, prévu par l'art. 60, n° 2.

IV. — Les marins qui se refuseraient à assister le capitaine dans ces différentes circonstances, pourraient être passibles, soit des peines édictées par l'art. 98, soit de celles qui sont attachées au délit de désobéissance avec refus formel d'obéir, prévu par l'art. 60, n° 2.

Si des passagers se rendaient coupables d'un semblable refus, dans le cas de délits graves ou de crimes, ils pourraient être également punis en vertu de cette dernière disposition.

La loi ordinaire elle-même oblige tout citoyen, sous certaines pénalités, à prêter main-forte à l'autorité lorsqu'il en est requis, notamment dans le cas de flagrant délit. (Code pénal, art. 475, n. 12.)

V. — Le législateur a bien compris que l'on ne pouvait assigner au pouvoir du capitaine d'étroites limites; aussi dit-il, dans l'art. 97, que le capitaine, maître ou patron a, sur les gens de l'équipage et sur les passagers, l'autorité que comportent la sûreté du navire, le soin des marchandises et le succès de l'expédition.

Le capitaine devra seulement éviter avec soin les actes qui auraient le caractère de l'arbitraire, de l'animosité personnelle, et, enfin, de l'abus de pouvoir prévu par l'art. 79.

En résumé : en mer, et loin des autorités françaises, le capitaine, à son bord, n'est justiciable que de sa conscience; à l'arrivée, il ne pourra être puni que pour les actes que la sagesse et la raison des tribunaux maritimes leur montreraient comme éminemment coupables, et, par suite, comme constituant un abus de pouvoir. Dans cette appréciation, les tribunaux devront, bien entendu, tenir compte des circonstances dans lesquelles les faits se seront accomplis, et des nécessités de la vie du bord. Ce n'est qu'autant que ces circonstances et ces nécessités n'auraient pas suffisamment motivé ces faits, ou ne les excuseraient pas, qu'une répression devrait intervenir.

Art. 99. — En cas de mutinerie ou de révolte, la résistance du capitaine et des personnes qui lui restent fidèles est considérée comme un acte de légitime défense.

Il faut rapprocher cet article de l'art. 328 du Code pénal, ainsi conçu : « Il n'y a ni crime ni délit, lorsque l'homicide, les blessures et les coups étaient commandés par la nécessité actuelle de la légitime défense de soi-même ou d'autrui. »

Ainsi, lorsqu'il y a mutinerie ou révolte, c'est-à-dire en cas de rébellion, les coups, les blessures et même la mort, donnés par le capitaine et les gens qui lui restent fidèles, en résistant à cette rébellion, ne sont ni des crimes ni des délits. Mais, pour cela, il faut que la rébellion soit bien caractérisée et que le capitaine et ceux qui l'entourent soient mis dans la nécessité de se défendre.

Les hommes restés fidèles au capitaine doivent, au surplus, exécuter ses ordres. C'est sous sa responsabilité que s'accompliront les actes qu'il aura prescrits.

Nous avons déjà vu, sous les art. 72 et 79, que les coups portés par le capitaine ou par les officiers, en cas de nécessité absolue, n'étaient pas punissables; et l'on doit considérer comme comprise dans cette nécessité la répression de la révolte.

ART. 100. — Dans les cas prévus par le présent décret, l'action publique et l'action civile se prescrivent après cinq années révolues, à compter du jour où le délit a été commis.

La prescription pour les crimes reste soumise aux règles du droit commun.

L'action publique est celle qui appartient à l'autorité pour poursuivre la punition des délits.

L'action civile est celle qui appartient à l'individu

qui a souffert un dommage par suite d'un délit, pour obtenir la réparation de ce dommage. Nous avons donné, sous l'art. 9, des explications au sujet de cette action.

Notre article établit une prescription de cinq années pour l'action publique et pour l'action civile résultant d'un délit, et ce délai part du jour où l'infraction est commise.

Cette prescription diffère, en deux points, de celle qui existe pour les délits ordinaires; celle-ci, en effet, d'après l'art. 638 du Code d'instruction criminelle, n'est que de trois années, et elle commence à courir du jour du délit, s'il n'y a pas eu d'actes d'instruction ou de poursuite, mais seulement à compter du dernier acte d'instruction ou de poursuite, dans le cas où il en a été fait. Ces différences étaient nécessaires, à raison des circonstances particulières dans lesquelles s'accomplissent les délits maritimes.

En matière de désertion, la prescription du délit ne commence à courir que du moment où le déserteur s'est représenté ou a été arrêté. (Cass., 7 février 1840.)

La prescription établie par notre article ne concerne que le droit d'exercer des poursuites pour obtenir une condamnation. Quant à celle des condamnations qui ont été prononcées, elle a lieu de la manière suivante :

Les peines portées par les jugements des tribunaux maritimes se prescrivent par cinq années, à compter du jour du jugement, si le prévenu a comparu; ou, si le jugement est par défaut, à compter du jour où il est devenu définitif, d'après les principes que nous avons présentés sous l'art. 36. (Code d'inst. crim., art. 636.)

Les condamnations civiles contenues dans ces mêmes jugements, ne se prescriront que d'après les règles établies par le Code Napoléon. (Code d'inst. crim., article 642.)

Pour la prescription de l'action publique et de l'action civile, en matière de crimes, on appliquera l'article 637 du Code d'instruction criminelle, aux termes duquel elle s'opère par dix ans, à compter du jour où le crime a été commis, ou du dernier acte d'instruction ou de poursuite.

FIN DU DÉCRET DISCIPLINAIRE EXPLIQUÉ.

FORMULAIRE

POUR L'APPLICATION

DU DÉCRET DISCIPLINAIRE ET PÉNAL

DE LA MARINE MARCHANDE.

NOTA. — Lorsque, dans le cours de ce formulaire, nous indiquons un article du décret, et, à la suite, un numéro de paragraphe, nous désignons ainsi le paragraphe des observations placées sous cet article, auquel on doit se reporter.

N° 1. — MENTIONS DE FAUTES DE DISCIPLINE SUR LE LIVRE DE PUNITION. (ART. 23.)

I.

En mer, le 18 octobre 1853.

Cette nuit, à trois heures, le second a surpris le matelot Pierre Dupont endormi étant à la barre.

Le capitaine *(Signature)*.

II.

Port de Saint-Louis, le......

Ce matin, vers neuf heures, étant de quart, j'ai trouvé sur le pont le novice Jean Devaux en état d'ivresse.

Le lieutenant *(Signature)*.

III.

L'an 1853, le 12 mai, à deux heures de l'après-midi, nous soussigné, capitaine (ou officier de quart), avons vu une querelle très-vive s'élever entre le sieur Jean Chaumont, matelot, et le sieur Pierre Degorce, passager. Ils ont échangé une foule d'injures, et nous avons eu grande peine à les empêcher d'en venir aux coups. On nous a informé que le sieur Degorce était celui qui avait provoqué la dispute. *(Signature).*

NOTA. — *L'officier de quart peut ajouter à la mention de la faute, la réquisition d'une peine. Exemple :* je demande qu'il lui soit infligé deux jours de prison.

Ou bien : attendu que les faits que je viens de signaler ont troublé l'ordre à bord, je suis d'avis qu'il y a lieu de condamner le sieur Degorce à huit jours de prison.

Le capitaine peut faire une réquisition semblable lorsqu'il se trouve dans un lieu où il n'exerce pas le pouvoir disciplinaire, d'après l'art. 6. *Il terminera ainsi, par exemple :* attendu que ces faits sont graves, surtout dans les circonstances actuelles, je requiers Monsieur le Commissaire de l'inscription maritime de prononcer contre le sieur X..... la peine du cachot pendant cinq jours.

N° 2. — INSCRIPTION DE LA PUNITION EN MARGE DE LA MENTION DE LA FAUTE DE DISCIPLINE. (ART. 23.)

I.

Nous, capitaine, attendu la faute de discipline mentionnée ci-contre, condamnons le sieur Dupont à deux jours de cachot.

En mer, ce 18 octobre 1853.

(Signature).

II.

Nous, capitaine du trois-mâts l'*Adonis*, exerçant le pouvoir disciplinaire, en qualité de plus ancien des capitaines de navire du port, condamnons le sieur Paul Debré à une retenue de quinze jours de solde, à raison de la faute de discipline constatée par la mention ci-contre.

Port de......, ce......

III.

S'il n'y a pas lieu de punir, la mention est ainsi faite :

Nous, commissaire de l'inscription maritime, attendu que le sieur Devaux justifie, par un certificat du chirurgien, qu'il était malade lorsque le second l'a vu sur le pont et a cru qu'il était en état d'ivresse, déclarons n'y avoir lieu de le punir.

Port de......, ce......

N° 3. — ORDRES AU CONCIERGE OU GARDIEN DE LA PRISON. (ART. 6, 23.)

I.

Lorsque le commissaire de l'inscription maritime inflige à un individu la prison comme peine disciplinaire, il l'envoie à la prison du lieu avec un ordre ainsi conçu :

Le concierge de la prison municipale de Bordeaux re-
cevra et retiendra en dépôt, jusqu'à nouvel ordre, le
nommé Jean Paulin, matelot.

Bordeaux, ce........

> Le Commissaire de l'inscription maritime.

II.

*Puis, lorsque le temps de la prison est expiré, il envoie
un ordre de sortie dans les termes suivants :*

Le concierge de la prison municipale de Bordeaux remettra en liberté le nommé Jean Paulin, matelot.

Bordeaux, le........

> Le Commissaire de l'inscription maritime.

N° 4. — RAPPORT DU SECOND OU DE L'OFFICIER DE QUART.
(ART. 24, 25, § I.)

I.

A Monsieur le Capitaine du navire l'*Éclair.*

Je soussigné, Pierre Rivière, second du navire, ai l'honneur de vous faire rapport que le sieur Paul Chopart,
matelot, a quitté le bord le 4 de ce mois, et qu'il n'a pas
reparu depuis.

Fait en rade de Cherbourg, ce 8 septembre 1852.

> *(Signature).*

NOTA. — *Pour un délit de désertion, le capitaine n'a
pas, en général, à dresser de procès-verbal d'information ;*

le rapport, la mention sur le livre de punition, et la plainte du capitaine suffisent comme actes d'instruction, à moins que le déserteur ne rentre ou ne soit ramené à bord. Dans ce dernier cas, on interroge le prévenu, on entend des témoins, s'il en présente pour se disculper, et l'on dresse procès-verbal du tout.

II.

A Monsieur le Capitaine de l'*Éclair*.

Je soussigné, Pierre Mathieu, lieutenant du navire, ai l'honneur de vous informer qu'aujourd'hui, à midi et demi, étant de quart, j'ordonnai au sieur Paul Poirier, matelot, de se mettre à la barre pour remplacer le sieur B....., qui y était depuis deux heures. Le sieur Poirier me répondit qu'il avait travaillé tout le jour à la pompe, et qu'il ne devait pas faire seul tout le travail du bâtiment. Je lui fis observer que tous les autres marins avaient travaillé comme lui, que le service ne devait pas être interrompu pour cela. Il me répliqua que je ne savais pas ce que je disais, que je ne savais pas commander, que j'étais un imbécile, qu'il n'irait pas à la barre de tout le jour.

Attendu que ces faits constituent le délit de désobéissance avec refus formel d'obéir et avec injures, je lui ai déclaré que j'allais vous faire rapport sur sa conduite.

Ou bien : par suite de ces faits, je lui ai déclaré que j'allais vous faire rapport sur sa conduite.

Fait en mer, le

III.

Le rapport de l'officier pourrait aussi être reçu par procès-verbal, que le capitaine rédigerait dans la forme suivante :

L'an 1852, ce 8 septembre, à neuf heures du matin, en mer, par-devant nous, capitaine du trois-mâts l'*Éclair*,

A comparu le sieur Pierre Rivière, second du navire, lequel nous a fait rapport que le sieur Paul Chopart, etc.

Ou lequel nous a fait le rapport suivant :

Aujourd'hui, à midi, étant de quart, j'ordonnai au sieur Pierre Poirier, etc.

Lecture faite au sieur Rivière du présent rapport, il l'a signé avec nous.

NOTA. — *Si le rapport était fait dans des circonstances semblables celles qui sont indiquées dans les formules de procès-verbaux placées sous le n° 6, il devrait être rédigé d'une manière analogue ces procès-verbaux. Toutefois, l'officier ne fait pas signer, au bas du rapport, le prévenu et les témoins dont il reçoit les premiers dires. Les pièces de conviction qu'il aura saisies seront remises par lui au capitaine. S'il y a lieu à arrestation, c'est-à-dire s'il s'agit d'un homme dangereux ou prévenu de crime, l'officier le fera arrêter provisoirement jusqu'à ce qu'il en ait été référé au capitaine.*

Nous verrons, à la suite des formules n° 7, comment doit agir le capitaine à l'égard des pièces de conviction qui lui sont remises par l'auteur du rapport.

N° 5. — PROCÈS-VERBAL DE PLAINTE OU DE DÉNONCIATION. (ART. 24, 25, § III.)

I. — Plainte.

L'an 1853, le 12 mai, à une heure de l'après-midi, en mer, devant nous, Jean Paulin, capitaine de l'*Éclair*,

A comparu le sieur *(nom, prénoms, profession, âge, lieu de naissance, domicile ou lieu d'inscription)*, lequel nous a porté plainte de la manière suivante :

Hier au soir, avant de me coucher, j'ai placé dans ma malle mon portefeuille contenant 2,300 fr. en billets de banque, et je l'ai ensuite refermée avec soin. Ce matin, j'ai été surpris de voir que ma malle était ouverte, et je n'ai plus retrouvé mon portefeuille. On s'est, sans doute, servi d'une fausse-clef pour commettre ce vol, car je n'ai remarqué aucune trace de fracture. Je viens vous porter plainte et vous prier de faire des recherches pour découvrir le coupable.

Je ne sais sur qui porter mes soupçons. Toutefois, j'ai remarqué, à diverses reprises, que le sieur R.... m'observait avec beaucoup d'attention lorsque j'ouvrais ma malle.

Et après lecture, il a déclaré persister, et a signé avec nous.

II. — Dénonciation.

On commence comme le procès-verbal précédent, et l'on continue :

Lequel nous a fait la dénonciation suivante :

Cette nuit, vers une heure, étant descendu dans l'entrepont, j'ai aperçu un homme qui avait une lumière auprès de lui et qui paraissait occupé à percer une barrique. Aussitôt qu'il m'a entendu, il a éteint sa lumière. J'ai cru reconnaître en lui le nommé D.....

En conséquence, je me suis empressé de venir vous avertir de ces faits.

Lecture faite au comparant de sa dénonciation, il a persisté, l'a déclarée sincère et véritable, et a signé avec nous.   *(Signature).*

III.

Quelquefois, la plainte ou la dénonciation est remise toute rédigée et toute signée au capitaine, qui met au bas la mention suivante :

On commence comme ci-dessus et l'on ajoute :

Lequel nous a remis la présente plainte (ou dénonciation) signée de lui, et, après lecture, il a persisté, l'a affirmée sincère et véritable, et a signé avec nous.

Nº 6. — PROCÈS-VERBAL DE CONSTATATION DRESSÉ PAR LE CAPITAINE. (ART. 24, 25, § III.)

I. — Le capitaine étant témoin du fait.

Aujourd'hui 7 mars 1853, à une heure après midi, en mer, nous, Jean Didier, capitaine du brick le *Sauvage*, constatons que, faisant une tournée dans l'entrepont du navire, à l'effet de vérifier l'état des marchandises, nous avons surpris le novice Pierre Durand occupé à tirer, dans une bouteille, du rhum d'une barrique qu'il avait percée entre deux cercles. Nous lui avons demandé ce qu'il faisait. D'abord, il n'a su que nous répondre. Il nous a dit ensuite que c'était la première fois que pareille chose lui arrivait, et qu'il n'y reviendrait plus. Après lui avoir fait boucher le trou qu'il avait fait, nous nous sommes emparé de la bouteille qu'il tenait et qui était à moitié pleine. Nous nous sommes saisi, comme pièce de conviction, de la petite vrille qu'il avait à côté de lui et qui avait servi à perforer la barrique. Puis nous avons fait procéder à une recherche dans les effets

dudit sieur Durand, mais on n'a trouvé aucune autre trace
de soustraction.

Lecture faite du présent procès-verbal, le sieur Durand
l'a signé avec nous. *(Ou nous avons seul signé, le sieur
Durand, de ce requis, ayant déclaré ne le savoir ou ne
le vouloir.)*

II. — Le capitaine étant averti, dans un cas de flagrant délit.

L'an 1853, le 18 mars, heure de midi, je soussigné,
Jean Parent, capitaine du navire le *Zèbre*, ayant reçu l'avis
qu'une rixe était engagée sur le pont, m'empressai de
m'y rendre. Je vis le sieur P. L..., matelot, et le nommé
R. M..., passager, engagés dans une lutte qui offrait les
caractères les plus graves. Je les sommai de se séparer,
mais ce fut vainement. Je fus obligé de requérir l'aide des
personnes présentes pour faire cesser le combat. Le sieur
M... me parut avoir le plus souffert. Il avait la figure en
sang. Je donnai l'ordre aux matelots présents de les arrêter
l'un et l'autre, ce qui eut lieu immédiatement.

Sur les questions que nous leur avons adressées, le sieur
P. L..., matelot, âgé de vingt-sept ans, né à Nantes, inscrit à Nantes, nous a répondu : « Le sieur M... m'a injurié,
en me traitant de mouchard, parce que j'avais dit au second qu'il volait de l'eau-de-vie; je lui ai répondu que
j'avais fait ce que je devais; et, aussitôt, il s'est jeté
sur moi et m'a frappé. »

Le sieur R. M..., marchand, âgé de trente-deux ans, né
au Havre, demeurant à Rouen, nous a dit : « C'est lui qui
m'a frappé le premier, etc..... »

Nous avons alors fait comparaître le sieur A. B..., négociant, âgé de quarante ans, né à Tours, où il demeure,
et nous lui avons demandé ce qu'il savait au sujet de la

querelle qui venait d'avoir lieu entre L..., et M..., et il a déposé : « Vers une heure, j'étais sur le pont, j'entendis M... dire à L... : Eh bien, mouchard, est-tu bien payé pour m'avoir dénoncé. L... lui répondit : j'aime mieux être mouchard que voleur. M... répliqua alors en disant : cela ne se passera pas comme cela, et aussitôt il s'élança sur lui et le frappa. »

Nous avons entendu également les sieurs J. V... *(nom, prénoms, profession, âge, lieu de naissance et domicile ou lieu d'inscription)*, et C. D... *(idem)*, qui nous ont confirmé la déposition qui précède.

Et après lecture, tous les susnommés ont persisté et ont signé avec nous.

(Signatures).

En attendant plus ample information, nous avons fait conduire les sieurs L... et M... dans deux cachots séparés où ils ont été enfermés.

De tout ce que dessus nous avons dressé le présent procès-verbal, en rade de Venise, les jour, mois et an susdits. Et nous avons signé.

(Signature du capitaine).

N° 7. — PROCÈS-VERBAL D'INFORMATION DRESSÉ PAR LE CAPITAINE APRÈS UN RAPPORT, UNE PLAINTE OU UNE DÉNONCIATION. (ART. 25, § III.)

I.

Aujourd'hui 3 avril 1853, à midi, en mer, nous, Jean Martin, capitaine du brick l'*Éclair*, étant informé, par un rapport du sieur Mathieu, second du navire, que le sieur Pierre Poirier, matelot, âgé de trente-deux ans, né à Nantes, inscrit à Nantes, s'était rendu coupable envers lui du délit de désobéissance avec injures et refus formel d'obéir, nous sommes fait assister dudit sieur Mathieu, remplissant les fonctions de greffier, et avons fait comparaître devant nous le sieur Poirier.

Après lui avoir donné connaissance des faits qui lui sont reprochés, nous lui avons demandé ce qu'il avait à dire pour sa justification.

Il nous a répondu : Il est vrai que, lorsque le second m'a donné l'ordre d'aller à la barre, je lui ai dit que j'étais très-fatigué d'avoir travaillé à la pompe, que je n'aurais pas la force de travailler encore deux heures, mais je ne lui ai dit aucune injure; j'en appelle au témoignage du sieur B....., qui était présent lorsque le second m'a donné l'ordre, et qui a entendu la réponse que je lui ai faite.

Nous avons alors fait comparaître le sieur Jean B....., négociant, âgé de trente-deux ans, né à Nantes, demeurant au Havre, et nous l'avons interpellé de déclarer la réponse faite par Poirier au second.

Le sieur B... nous a répondu qu'il avait vu un colloque animé entre Poirier et le second, mais que la mer était trop bruyante pour qu'il pût entendre ce qui se disait.

Lecture faite, l'inculpé a persisté et a signé avec nous et le greffier. Quant au sieur B..., requis de signer, il a déclaré ne le savoir.

II.

L'an 1853, le 12 mai, à neuf heures du matin, nous, Jean Paulin, capitaine du navire le *Rapide*, informé par une plainte du sieur Henri Louviers, négociant, âgé de quarante ans, né au Havre, demeurant à Nantes, que sa malle avait été ouverte et qu'il lui avait été soustrait une somme de 2,300 fr. en billets de banque, nous sommes transportés dans la chambre, assisté du sieur C. D..., lieutenant, remplissant les fonctions de greffier. Nous avons trouvé la malle du sieur Louviers ouverte, mais sans aucune trace d'effraction.

Le sieur Louviers nous ayant dit avoir des soupçons sur le nommé R..., nous avons examiné la serrure de la malle de ce dernier, et nous avons remarqué que cette serrure avait beaucoup de rapport avec celle de la malle du sieur Louviers. Nous avons alors fait appeler le sieur R..., et nous lui avons demandé sa clef. Il a fini par nous la donner après avoir fait assez longtemps semblant de chercher, et cette clef nous a servi à fermer la malle du sieur Louviers et à l'ouvrir de nouveau.

Ensuite, étant revenu à la malle du sieur B..., nous avons demandé à ce dernier si tout ce qu'elle contenait était bien à lui. Il nous a répondu affirmativement. Nous l'avons ouverte, et, après quelques recherches, nous y avons trouvé, cachés entre deux chemises, deux billets de banque de 1,000 fr., un autre de 200 fr., et un troisième de 100 fr. Le portefeuille du sieur Louviers n'y était pas.

Nous avons interpellé le sieur B... en lui demandant d'où lui provenaient ces billets de banque. Il nous a répondu qu'ils lui appartenaient, qu'il les avait en partant de France, que son banquier les lui avait remis.

Sur les informations que nous avons prises, le sieur P. M..., passager, professeur, âgé de trente-quatre ans, né à......., demeurant à......, nous a dit avoir entendu, cette nuit, du bruit du côté de la couche du sieur

R..; et le sieu. C. V..., aussi passager, négociant, âgé de......, né à......., demeurant à......., nous a dit qu'il a cru entendre ouvrir une malle vers le milieu de la nuit.

Comme toutes les circonstances tendent à démontrer que les billets ont été volés au sieur Louviers, nous les avons saisis comme pièces de conviction, et ils ont été placés dans une enveloppe que nous avons scellée à la cire rouge. Puis, nous avons inscrit sur cette enveloppe une mention indicative qui a été signée par nous et le greffier. Le prévenu, requis de la signer également, a déclaré ne le vouloir. Le tout a été placé par nous en lieu de sûreté, pour être remis à qui de droit.

Et après lecture, les sieurs M... et V... ont persisté et ont signé avec nous et le greffier. Quant au sieur R..., requis de signer, il s'y est refusé.

(Signatures).

De tout ce que dessus a été dressé, en mer, les jour, mois et an susdits, le présent procès-verbal, que nous avons signé avec le greffier.

(Signatures du capitaine et du greffier).

Nota. — Le capitaine à qui des pièces de conviction ont été remises par l'officier qui a fait le rapport, ou par toute autre personne, les représente au prévenu lorsqu'il l'interroge, le requiert de déclarer s'il les reconnaît, et constate sa réponse; il les représente aux témoins de la même manière, puis il revêt ces pièces d'étiquettes, ainsi que nous l'indiquons dans la formule qui précède. Lorsque l'auteur du rapport a fait arrêter provisoirement le prévenu, le capitaine exprime s'il maintient ou fait cesser l'arrestation.

———

N° 8. — Procès-verbal d'information plus complète en cas de délits graves ou de crimes. (Art. 25, § VI.)

I. — Déposition de témoins.

L'an 1853, le 12 mai, à trois heures de l'après-midi, pardevant nous, Jean Paulin, capitaine du trois-mâts l'*Éclair*, étant dans la chambre du navire, assisté du sieur Chaumel, passager, remplissant les fonctions de greffier,

Sont comparus les témoins ci-après, auxquels nous avons donné connaissance des faits sur lesquels ils sont appelés à déposer.

Chacun d'eux appelé ensuite successivement hors la présence du prévenu, a prêté serment de dire toute la vérité, rien que la vérité, et enquis par nous de ses nom, prénoms, âge, état, profession et demeure, a répondu et fait sa déposition ainsi qu'il suit :

Le premier témoin : Je m'appelle Prosper Mathurin, professeur, âgé de trente-cinq ans, né à la Guadeloupe, demeurant à Paris, non parent ni allié de l'inculpé.

Dépose : Vers le milieu de la nuit dernière, il me sembla entendre quelqu'un se lever. Je n'y fis pas grande attention alors, et je ne tardai pas à me rendormir. Mais je me souviens que je fis la réflexion que c'était sans doute le sieur R... qui se trouvait indisposé, car le mouvement que j'entendais me parut venir de son côté.

D. Avez-vous entendu aussi ouvrir une malle ?

R. Je ne puis rien préciser à cet égard ; j'étais à moitié endormi. J'ai bien entendu un certain bruit, mais il ne m'est pas venu à l'idée que ce fût celui de l'ouverture d'une malle.

C'est tout ce que le témoin a dit savoir.

Et lecture faite, il a persisté et a signé avec nous et le greffier.

Second témoin : Je m'appelle   etc.

Lecture faite, il a persisté et a signé avec nous et le greffier.

21. — Interrogatoire.

Et le 13 mai 1853, à neuf heures du matin, devant nous, Jean Paulin, capitaine du navire l'*Éclair*, étant dans la chambre du navire, assisté du sieur Chaumel, remplissant les fonctions de greffier, a été conduit le ci-après nommé, lequel nous avons interrogé comme suit :

Interrogé quels sont ses nom, prénoms, âge, lieu de naissance et domicile, répond : Je m'appelle Jean-Pierre Rocher, commis-voyageur, âgé de vingt-sept ans, né à Brest, demeurant à Nantes.

D. Vous êtes inculpé d'avoir soustrait frauduleusement une somme de 2,300 fr. en billets de banque, au préjudice du sieur Louviers, et d'avoir consommé ce vol en ouvrant sa malle avec une fausse-clef. Qu'avez-vous à dire pour votre justification ?

R. Ces billets m'appartiennent ; ils m'ont été remis par mon frère, à mon départ de Nantes. Je n'ai donc pas eu besoin de recourir à un vol pour les posséder.

D. Vous êtes en contradiction avec vous-même, car, lorsque l'on a trouvé cette somme dans votre malle, vous avez dit que c'était votre banquier qui vous l'avait remise.

R. Je n'ai pas pu dire cela, puisque je l'ai reçue de mon frère.

Lecture faite, l'inculpé a signé avec nous et le greffier.

Nota.— *Si, après lecture de sa déposition, un témoin veut faire une modification (ce qui est très-rare), on le constate ainsi :* Le témoin a fait remarquer qu'il n'a pas entendu dire que. . . . . . ., mais qu'il soutient que. . . . .

On ferait de même pour l'inculpé, en pareil cas.

III. — Confrontation.

S'il y a lieu à confrontation, on peut la faire dans les termes suivants :

Et le. . . . . ., nous. . . . . ., capitaine, assisté, etc., avons fait comparaître devant nous le sieur B..., et lui avons demandé s'il reconnaîtrait l'homme qu'il a vu sortir la nuit de la chambre des passagers. Il nous a répondu qu'il le pensait. Alors nous avons fait introduire le sieur D...; et le sieur B... s'est écrié aussitôt : Je le reconnais à sa barbe et à la forme de sa casquette.

L'inculpé a continué à soutenir que ce n'était pas lui qui était allé dans la chambre.

Et après lecture, les sieurs B... et D... ont persisté et ont signé avec nous et le greffier.

Ces confrontations peuvent aussi se faire à la suite d'une déposition ou d'un interrogatoire. On dit alors : Et aussitôt nous avons fait introduire l'inculpé, auquel nous avons donné connaissance de la présente déposition. Il a persisté à dire qu'il n'a pas été l'agresseur, qu'il a reçu le premier coup.

Le témoin, de son côté, a affirmé qu'il a dit la vérité.

Et après lecture, les sieurs A.... et B.... ont persisté et ont signé avec nous et le greffier.

Lorsque le procès-verbal d'information est complètement terminé, on le clôt ainsi :

De tout ce qui précède, il a été dressé le présent procès-verbal, en mer, les jour, mois et an ci-dessus énoncés.

Et nous avons signé avec le greffier.

Nota. — *Il y a lieu d'ajouter l'observation suivante à celles que nous avons présentées sous l'art. 25, § VI :*

Dans le cas où l'accusé, les témoins ou l'un d'eux ne parleraient pas français, le capitaine nommera, autant que possible, un interprète, âgé de vingt-un ans au moins, et lui fera prêter serment de traduire fidèlement les discours à transmettre entre ceux qui parlent des langues différentes (Code d'inst. crim., art. 332). L'interprète ne pourra être pris parmi les témoins, ni parmi les parents ou alliés du prévenu, au degré fixé par l'art. 31. Le capitaine devrait procéder à cette nomination, lors même qu'il connaîtrait lui-même la langue qu'il s'agit d'interpréter. Il est bien entendu que ces règles recevront exception en cas de nécessité.

N° 9. — MENTION D'UN DÉLIT OU D'UN CRIME SUR LE LIVRE DE PUNITION. (ART. 24.)

I.

Du 3 mai 1852. Rapport du second, constatant que le sieur Paul Chopart, matelot, né au Havre, inscrit à La Rochelle, a quitté le bord le 27 du mois dernier et n'a plus reparu depuis.

II.

Du 15 avril 1853. Rapport du sieur Mathieu, lieute-nant, qui, pendant qu'il était de quart, a été outragé par le sieur Pierre Poirier, matelot, âgé de trente-deux ans, né à Nantes, inscrit à Nantes; ce dernier lui a dit qu'il était un imbécile et qu'il ne savait pas commander.

III.

Du 12 mai 1853. Procès-verbal contenant la plainte du sieur Louviers au sujet d'un vol de 3,200 fr. en billets de banque, commis à son préjudice dans la nuit dernière. Ces billets étaient dans un portefeuille enfermé dans sa malle. La malle a dû être ouverte au moyen d'une fausse-clef. On ne connaît pas encore le coupable; on soupçonne le nommé R...

IV.

Du 7 mars 1853. Procès-verbal de constatation relatif à un vol de rhum commis par le novice Pierre Durand, en perçant une barrique entre deux cercles; il en avait pris environ une demi-bouteille.

N° 10. — MENTION DE PROCÈS-VERBAUX D'INFORMATION (ART. 28.)

I

Du 16 avril 1852. Procès-verbal d'information relatif au délit imputé au sieur Poirier et mentionné à la date d'hier.

II.

Des 12, 13 et 14 mai 1853. Procès-verbal d'instruction détaillée, dépositions de témoins, interrogatoire du prévenu, confrontation, au sujet du crime de vol avec fausse-clef, commis au préjudice du sieur Louviers et imputé au sieur R... Ce vol a été mentionné à la date du 12 de ce mois.

NOTA. — *Le capitaine doit apposer sa signature au bas de chaque mention.*

N° 11. — PLAINTE DU CAPITAINE. (ART. 26.)

A Monsieur le Commissaire de l'inscription maritime du port du Havre.

Le soussigné, Pierre Vaudois, capitaine du trois-mâts le *Pluton*, a l'honneur de vous exposer que le sieur Jean Rocher, commis-voyageur, âgé de trente-deux ans, né à Nantes, demeurant à Nantes, est inculpé du vol d'une somme de 2,300 fr., commis à bord dans la nuit du 11 au 12 mai dernier, au préjudice du sieur Pierre Louviers, négociant, âgé de quarante ans, demeurant à La Rochelle, passager.

Les témoins sont, indépendamment du sieur Louviers :

1° Le sieur Pierre Richard, négociant, âgé de trente-huit ans, né au Havre, où il demeure, passager à bord du navire;

2°

3°

Les pièces de la procédure sont :

1° La plainte du sieur Louviers ;

2° Et le procès-verbal d'information.

Les pièces de conviction consistent en quatre billets de banque, dont deux de 1,000 fr., un de 200 fr., et le troisième de 100 fr.

L'inculpé est enfermé dans le cachot du navire, à votre disposition.

Fait à . . . . . . , le. . . . . .

(Signature du capitaine).

NOTA. — *Lorsque l'inculpé est un marin, on indique dans la plainte le quartier et le numéro d'inscription.*

N° 12. — ORDRE AU CONCIERGE DE LA PRISON MUNICIPALE. (ART. 26, 41, 50.)

Voir form. n° 3, § 1.

N° 13. — LETTRE POUR METTRE A LA DISPOSITION DE M. LE PROCUREUR IMPÉRIAL UN HOMME INCULPÉ DE DÉLIT COMMUN OU DE CRIME. (ART. 26, 51.)

Bordeaux, le 12 juin 1853.

Monsieur le Procureur impérial,

J'ai l'honneur de vous informer que je viens de faire déposer à la prison municipale, pour y être tenu à votre disposition, le nommé Pierre Chapuis, matelot, inculpé du vol d'une somme de 25 fr., commis à bord du navire le *Commodore*, crime prévu et puni par l'art. 93 du décret du 24 mars 1852.

Je vous envoie, ci-jointes, les pièces de la procédure relative à cette prévention, au nombre de huit, ainsi que les pièces de conviction.

Recevez, Monsieur le Procureur impérial, l'assurance de ma haute considération.

Le commissaire de l'inscription maritime.

N° 13 *bis.* — LETTRE D'ENVOI D'UN PRÉVENU EN FRANCE.
(ART. 26, § III, ET ART. 51.)

Monsieur le Chef de service,

J'ai l'honneur de vous adresser, ci-jointes, les pièces de la procédure concernant le nommé Pierre Chaumont, passager, inculpé de vol, et que je fais embarquer à bord du trois-mâts l'*Éclair*, pour être jugé en France.

Je vous prie de vouloir bien donner à cette affaire la suite qu'elle comporte.

Veuillez agréer, Monsieur le Chef de service, l'assurance de ma haute considération.

Le consul de France à New-York.

(Signature).

A Monsieur le Chef de service de la marine, à Bordeaux.

11

Nº 14. — Requête au président du tribunal de commerce, pour obtenir la désignation d'un juge, et ordonnance a la suite. (Art. 14.)

I. — Requête.

A Monsieur le Président du tribunal de commerce de Bordeaux.

Le commissaire de l'inscription maritime, président du tribunal maritime commercial du port de Bordeaux,

Requiert qu'il vous plaise, conformément à l'art. 14 du décret du 21 mars 1852, désigner un juge du votre tribunal pour faire partie du tribunal maritime commercial pendant l'année courante.

(Signature).

II. — Ordonnance au bas de cette requête.

Nous, Jean-Pierre Lheureux, président du tribunal de commerce de Bordeaux, chevalier de la Légion-d'Honneur,

Vu : 1º la requête ci-dessus ;

2º L'art. 14 du décret du 21 mars 1852,

Désignons M. Charles Mutel, juge au tribunal de commerce, pour être juge du tribunal maritime commercial pendant l'année courante.

Fait à Bordeaux, en notre cabinet, ce

Copie de ces requête et ordonnance est adressée au juge désigné, avec une lettre ainsi conçue :

Bordeaux, ce. . . . . . .

Monsieur,

J'ai l'honneur de vous adresser, ci-jointe, copie de l'ordonnance de M. le Président du tribunal de commerce, qui vous désigne comme membre du tribunal maritime commercial, pour l'année courante, en exécution de l'art. 14 du décret du 24 mars 1852.

Recevez l'assurance de ma considération très-distinguée.

Le commissaire de l'inscription maritime.

N° 15. — AUTORISATION AU TRIBUNAL DE SE RÉUNIR. (ART. 14.)

Le chef de service de la marine, à Bordeaux, autorise le tribunal maritime commercial de ce port à se réunir au lieu ordinaire de ses séances, à l'effet de juger le nommé Jean Poirier, matelot, prévenu d'outrage envers son capitaine.

En conséquence, M. le Commissaire de l'inscription maritime pourra convoquer les membres de ce tribunal pour les jour et heure qu'il jugera convenables.

Bordeaux, ce........

Le chef de service.

N° 16. — NOMINATION D'UN JUGE. (ART. 28, § 1.)

Le commissaire de l'inscription maritime, président du tribunal maritime commercial du port de Bordeaux,

Vu les art. 14 et 28 du décret du 24 mars 1852,

Nomme M. Pierre Gaspard, en sa qualité du plus âgé des capitaines au long-cours valides et présents sur les lieux, juge au tribunal maritime commercial qui va être appelé à juger le nommé Paul Devienne, matelot, prévenu d'outrage envers son supérieur.

Le tribunal se réunira au lieu ordinaire de ses séances, dans une salle dépendant du bureau de l'inscription maritime, aux jour et heure qui seront indiqués par un avis ultérieur.

Fait à Bordeaux, le.........

Le commissaire de l'inscription maritime.

(Signature).

A Monsieur Devaux, capitaine du navire le *Vaillant.*

Nota. — *Si l'on peut fixer le jour que le tribunal siégera, on remplace la dernière phrase par celle-ci :* Le tribunal se réunira au lieu ordinaire de ses séances, dans une salle dépendant du bureau de l'inscription maritime, le mercredi 15 novembre prochain, à onze heures du matin.

N° 17. — Lettre de convocation séparée. (Art. 28, § 1.)

Monsieur,

Vous êtes prévenu que le tribunal maritime commercial du port de Bordeaux, dont vous êtes membre, se réunira au lieu ordinaire de ses séances, dans une salle dépendant du bureau de l'inscription maritime, le mercredi 15 novembre prochain, à onze heures du matin, à l'effet de juger le nommé D....., matelot, prévenu du délit de rixe avec voies de fait.

Fait à Bordeaux, le........

Le commissaire de l'inscription maritime.

(Signature).

A Monsieur Bavet, juge au tribunal de commerce.

NOTA. — *Il est bon que la personne qui reçoit une lettre de nomination ou de convocation en donne un récépissé qui pourra être mis, soit sur une feuille de papier libre, soit plutôt sur un registre particulier dont le porteur de la lettre sera muni.*

Ce récépissé sera ainsi conçu :

Reçu, aujourd'hui, une lettre de nomination au tribunal maritime commercial.

Bordeaux, le........

Reçu, ce jour, une lettre de convocation pour assister, le 18 du courant, à la séance du tribunal maritime commercial.

Bordeaux, le........

N° 18. — CÉDULE POUR APPELER LES TÉMOINS DEVANT LE RAPPORTEUR. (ART. 28, § III.)

Nous, Jean Terrier, capitaine du navire le *Zèbre*, juge rapporteur près le tribunal maritime commercial du port de Marseille, nommé à ces fonctions par décision de M. le Commissaire de l'inscription maritime du 14 de ce mois, mandons et ordonnons à tous huissiers ou agents de la force publique, sur ce requis, d'assigner, à la requête de M. le Commissaire de l'inscription maritime, président dudit tribunal :

1° Le sieur Jean Mathieu, matelot à bord du navire l'*Éclair* ;

2° Le sieur Jean Hérault, négociant, passager à bord dudit navire ;

A comparaître, le samedi 27 du courant, heure de midi, pardevant nous, dans une salle du bureau de l'inscription maritime, pour y déposer en personne dans la procédure suivie contre le nommé Pierre Terrier, inculpé du délit d'ivresse avec désordre.

Sous les peines de droit.

Fait à Marseille, bureau du port, le 15 novembre 1852.

N° 49. — CITATION AUX TÉMOINS POUR COMPARAITRE DEVANT LE RAPPORTEUR. (ART. 28, § III.)

1. — Original.

L'an 1853, le 18 novembre, à la requête de M. le Commissaire de l'inscription maritime, président du tribunal maritime commercial du port du Havre.

Nous, soussigné, Jean Heurtier, gendarme de marine à la résidence du Havre, certifions avoir signifié et laissé copie :

1° Au sieur Jean Mathieu, matelot à bord du navire l'*Éclair* ;

2° Au sieur Jean Hérault, négociant, passager à bord dudit navire,

D'une cédule de citation délivrée le 15 de ce mois, par Monsieur le Juge Rapporteur près ledit tribunal;

Et, au surplus, en vertu de ladite cédule, leur avons donné assignation à comparaître devant Monsieur le Juge-Rapporteur, dans une des salles du bureau de l'inscription maritime, le mardi 27 du courant, heure de midi, pour y déposer en personne sur les faits relatifs au nommé Pierre Terrier, sous les peines de droit.

Fait au Havre, à bord du navire l'*Éclair*, où pour chacun des susnommés séparément nous avons laissé copie de ladite cédule et du présent, en parlant, savoir :

Pour le sieur Hérault, à lui-même, et pour le sieur Mathieu, au sieur X....., lieutenant du navire, ainsi déclarés.

(Signature du gendarme).

Si l'un des témoins était assigné à son domicile réel, on mettrait :

Fait au Havre : 1° au domicile du sieur A....., où pour lui nous avons laissé copie de ladite cédule et du présent, parlant à la dame son épouse, ainsi déclarée.

2° Et à bord du navire l'*Éclair*, où pour le sieur B.... nous avons laissé semblable copie, parlant à........., ainsi déclaré.

Si l'on remettait l'assignation à personne, hors du navire ou du domicile réel d'un témoin, on s'exprimerait ainsi :

Fait à Bordeaux, sur le quai vertical, où nous avons trouvé le sieur A...., auquel nous avons, en parlant à lui-même, laissé copie de ladite cédule et du présent.

Ou : fait à Bordeaux, rue Fondaudège, n. 7, chez Monsieur Didier, où étant, et parlant audit sieur A...., que nous y avons trouvé, nous lui avons remis copie de ladite cédule et du présent.

On doit faire signer, autant que possible, au bas ou au dos de l'original, chaque personne qui reçoit une copie. Il serait même utile que le porteur indiquât si elle signe ou non. Pour cela, après les mots parlant à......, ainsi déclaré, on mettrait : Lequel a signé le présent original, ou a dit ne savoir signer ou ne vouloir signer.

Si le même porteur ne remettait pas toutes les citations, ou si elles n'étaient pas toutes données le même jour, on ferait un original séparé par chaque porteur et par chaque journée.

Nota. — *On peut citer à bord toutes les personnes inscrites au rôle d'équipage, jusqu'au jour du débarquement administratif. Celles qui ne sont pas dans cette catégorie doivent être citées à personne ou à domicile. (Voir nos explications, page 62.)*

Nous avons dit, sous l'art. 28, § III, que les citations pourraient être données par les agents de la force publique. En cas de nécessité, le président du tribunal en pourrait charger un huissier, et ce dernier serait tenu d'obtempérer à sa réquisition, conformément à l'art. 85 du tarif criminel, et nonobstant les dispositions de l'art. 10 du décret. Le fonctionnaire chargé de la présidence du tribunal, est, en effet, investi en même temps des attributions du ministère public, pour la poursuite des délits maritimes.

II. — Copie de citation.

On donne une copie de la citation pour chaque témoin

indiqué dans l'original. Cette copie se fait dans la forme suivante :

En tête se trouve la copie de la cédule, en ce qui concerne le témoin à qui elle doit être remise.

Puis après avoir commencé comme la formule précédente, on met simplement, après le nom du porteur : signifions la cédule ci-dessus transcrite au sieur Hérault, y dénommé;

Et, au surplus, en vertu de cette cédule, lui donnons assignation à comparaître aux jour, lieu et heure, et aux fins qui y sont indiqués.

Fait au Havre, à bord dudit navire, où pour ledit sieur Hérault nous avons laissé la présente copie, parlant à lui-même, ainsi déclaré.

N° 20. — CÉDULE POUR CITER LES TÉMOINS DEVANT LE TRIBUNAL. (ART. 28, § VI.)

Nous, Louis Carrier, commissaire de l'inscription maritime, président du tribunal maritime commercial du port de Nantes, mandons et ordonnons à tous huissiers ou agents de la force publique, sur ce requis, de citer :

1° Le sieur Jean Mathieu, matelot à bord du navire *l'Éclair;*

2° Le sieur Jean Hérault, négociant, passager à bord dudit navire,

A comparaître à l'audience de ce tribunal, séant dans une des salles du bureau de l'inscription maritime, le 12 du courant, à onze heures précises du matin, pour y déposer en personne dans la procédure suivie contre le nommé Pierre Neveu, prévenu du délit de désobéissance avec injures.

Aux peines de droit.

Donné à Nantes, le. . . . . . .

(Signature).

N° 21. — CITATION AUX TÉMOINS POUR COMPARAITRE DEVANT LE TRIBUNAL.

L'original de cette citation et la copie sont conçues comme au numéro précédent, avec ce seul changement que, dans l'original, on indiquera que la cédule est délivrée par le président du tribunal et que l'assignation est donnée pour comparaître à l'audience.

N° 22. — CÉDULE POUR CITER UN PRÉVENU. (ART. 56, § III.)

La cédule commence comme celle du n. 20; après le mot citer, on met :

Le sieur Jean Devaux, matelot à bord du navire le *Zèbre*, prévenu d'avoir, le 15 du mois dernier, outragé par paroles son capitaine, délit prévu et puni par l'art. 61 du décret du 24 mars 1852,

A comparaître à l'audience de ce tribunal, séant dans une des salles du bureau de l'inscription maritime, le 12 du courant, à onze heures précises du matin, pour y être jugé à raison du délit précité, et s'entendre condamner aux peines portées par la loi..

Donné à.......le.......

N° 25. — ACTES D'INFORMATION DEVANT UN JUGE RAPPORTEUR. (ART. 28, § II.)

Déposition de témoins.

L'an 1853, le 18 août, à midi, devant nous, Jean Chabert, capitaine au long-cours, juge rapporteur près le tribunal maritime commercial du port de Bordeaux, en l'une des salles du bureau de l'inscription maritime de ce port, assisté du sieur Jean Chapuis, commis de la marine, remplissant les fonctions de greffier, a comparu le témoin ci-après, auquel nous avons donné connaissance des faits sur lesquels il est appelé à déposer. Ce témoin, appelé hors la présence du prévenu, après avoir présenté la citation à lui donnée, a prêté serment de dire toute la vérité, rien que la vérité, etc. *(Le surplus comme au n° 8.)*

Pour les autres parties de l'information, on suivra également les formules placées sous le n° 8.

NOTA. — *Si un témoin était malade, le juge rapporteur se transporterait auprès de lui pour recevoir sa déposition.*

Si un témoin se trouvait, lors de l'instruction, habiter une résidence éloignée du lieu où elle se fait, le président pourrait adresser une commission rogatoire au fonctionnaire chargé de présider le tribunal maritime le plus voisin de cette résidence, et le requérir de désigner un rapporteur pour entendre ce témoin. Il lui indiquerait, à cet effet, par des notes et renseignements, les faits et les points sur lesquels devrait porter la déposition. *(Code d'inst. crim., art. 83, 84.)*

N° 24. — MODÈLE DE JUGEMENT. (ART. 59.)

MARINE.

PORT DE BORDEAUX.

Tribunal maritime commercial.

Napoléon, par la grâce de Dieu et la volonté nationale, Empereur des Français, à tous présents et à venir, salut :

Cejourd'hui, 10 février 1853,

Le tribunal maritime commercial du port de Bordeaux, formé en exécution du décret du 24 mars 1852, et composé, conformément aux prescriptions de l'art. 14 de ce décret, de :

MM. Quantin (Paul-François), commissaire de l'inscription maritime, président ;

Granger (François), juge au tribunal de commerce de cette ville ;

Garaud (Félix), capitaine de port à Bordeaux,

Lartigue (Henri), capitaine du brick le *Du-gay-Trouin*, } juges,

Et Raymond (Charles), maître d'équipage du trois-mâts l'*Andrinople*,

Assistés de M. Garret (Édouard), commis de la marine, remplissant les fonctions de greffier,

S'est réuni, avec l'autorisation de M. le Chef de service

de la marine, et sur la convocation du président, dans une salle dépendant du bureau de l'inscription maritime, à l'effet de juger le nommé Verdier (Jacques), second du navire de commerce le *Vautour*, de Nantes, capitaine Renaud, âgé de vingt-neuf ans, né à Nantes, inscrit à Nantes, folio . . . ., n° . . ., prévenu de rébellion envers son capitaine.

La séance ayant été ouverte, M. le Président a fait déposer devant lui, sur le bureau, un exemplaire du décret du 24 mars 1852; et, après que tous les membres du tribunal ont eu prêté le serment exigé par l'art. 30 du décret précité, il a demandé à M. Garaud, juge commis par lui pour remplir les fonctions de rapporteur, la lecture de toutes les pièces tant à charge qu'à décharge envers le prévenu, lesdites pièces au nombre de trois.

Cette lecture terminée, M. le Président a fait amener le prévenu; lequel a été introduit libre et sans fers (accompagné de son défenseur, M. A...).

Son identité ayant été constatée, M. le Président lui a donné connaissance des faits à sa charge, et lui a adressé (ainsi qu'à son défenseur) l'avertissement prescrit par l'article 32 du décret.

Trois témoins ont été entendus, après serment prêté de dire toute la vérité, rien que la vérité.

M. le Président a interrogé le prévenu; et, après que celui-ci a eu présenté ses moyens de défense (par l'organe de son défenseur), il lui a demandé s'il n'avait plus rien à ajouter. Le prévenu a répondu négativement.

M. le Président a clos les débats et a résumé les faits tant à charge qu'à décharge. Puis il a fait retirer le prévenu et l'auditoire.

Le tribunal a délibéré à huis clos, en suivant les prescriptions des art. 35 et 36 du décret.

La délibération terminée, les portes ont été de nouveau
ouvertes au public, et M. le Président a prononcé le jugement suivant :

Le tribunal maritime commercial, à la majorité de trois
voix contre deux, déclare le sieur Verdier (Jacques) coupable du délit de rébellion envers son capitaine, qui lui
est reproché, et, pour réparation de ce délit, le condamne
à deux ans d'emprisonnement, et ce, en vertu de l'art. 60,
n° 14, et de l'art. 55, n° 5, du décret du 24 mars 1852;
lesquels sont ainsi conçus :

ART. 60. — Les délits maritimes sont :

14° La rébellion envers le capitaine ou l'officier de
quart, lorsqu'elle a lieu en réunion d'un nombre quelconque
de personnes, sans excéder le tiers des hommes de l'équipage, y compris les officiers.

ART. 55. — Les peines correctionnelles applicables aux
délits sont :

5° L'emprisonnement pendant six jours au moins et
cinq ans au plus.

Fait et jugé sans désemparer, en séance publique, les
jour, mois et an ci-dessus; les dispositions des art. 12 à
21, 30, 31, 32 et 36 du décret du 24 mars 1852 ayant été
fidèlement observées.

Et ont les membres du conseil signé avec le greffier.

Nota. — *Sur les expéditions, le greffier relate les signatures de la minute, mais il signe seul.*

Le président met sur la minute la formule :

Soit exécuté selon sa forme et teneur. (*Voir art. 40.*)

Le commissaire de l'inscription maritime, président.

Et enfin le greffier écrit la mention suivante :

Le jugement ci-dessus a reçu son exécution, ou est en

voie d'exécution, ou n'a pas reçu son exécution. (*Voir sous l'art.* 47.)

Bordeaux, le. . . . . . .

Le greffier.

Acquittement.

Si la culpabilité n'est pas reconnue, on énonce que le tribunal déclare le prévenu non coupable; puis on ajoute, pour terminer le jugement :

En conséquence, le tribunal relaxe le prévenu des fins de la prévention élevée contre lui.

Nota. — *Il y a lieu d'ajouter l'observation suivante à celles que nous présentons sous l'art.* 34 :

Si l'accusé, les témoins ou l'un d'eux parlaient une langue étrangère, le président devrait, conformément à l'art. 332 du Code d'instruction criminelle, nommer d'office un interprète, âgé de vingt-un ans au moins, et lui faire prêter serment de traduire fidèlement les discours à transmettre entre ceux qui parlent des langages différents. L'interprète ne peut être pris parmi les témoins ou les juges, ni parmi les parents ou alliés du prévenu au degré fixé par l'art. 34.

N° 25. — JUGEMENT PAR DÉFAUT. (ART. 56, § III.)

Si le jugement est rendu par défaut, après la mention de lecture des pièces, on ajoute :

Le prévenu, cité à comparaître, ne s'est pas présenté.

On relate l'audition des témoins, s'il y a lieu, le résumé

*du président, etc. Puis, dans la formule de condamnation,
on s'exprime ainsi :*

Le tribunal maritime commercial, jugeant par défaut,
déclare, etc. *(Le surplus comme à la formule qui précède.)*

Nota. — *Si des témoins ont été cités et qu'il y ait lieu de
leur allouer des frais de voyage et de séjour (voir nos observations sous l'art. 46), on ajoute, après la lecture des articles de la loi pénale :* Le condamne, en outre, aux frais de
voyage et de séjour qui pourront être alloués aux témoins
cités devant le tribunal.

*S'il y a une partie civile, ces frais sont mis à sa charge,
dans le cas où le prévenu est relaxé.*

N° 26. — JUGEMENT, QUAND IL Y A PARTIE CIVILE EN CAUSE. (ART. 9, § II ET SUIVANTS.)

I.

*S'il y a une partie civile en cause, ainsi que nous l'avons
dit sous l'art. 9, on ajoute après la mention de l'introduction du prévenu :* Et à l'instant, s'est présenté devant le
tribunal, M. Jean Rondeau, négociant, demeurant à La
Rochelle, ayant élu domicile à Bordeaux, chez M. Lan-
dais, rue de Cheverus, n° 15, plaignant et partie civile;
lequel a conclu à ce que le sieur X... fût condamné à lui
payer 1,000 fr. de dommages-intérêts.

L'identité du prévenu ayant été constatée, etc.

On mentionne l'audition des témoins, l'interrogatoire du

prévenu; puis on s'exprime ainsi : La partie civile a présenté ses moyens à l'appui de sa demande.

Le prévenu a exposé ses moyens de défense, etc.

Puis, après la reproduction des articles de la loi pénale :

Et, statuant sur la demande de la partie civile, le condamne, envers celle-ci, en 200 fr. de dommages-intérêts recouvrables par corps.

S'il y a acquittement, on ne statue pas sur la demande de la partie civile.

II.

Si le prévenu réclamait des dommages-intérêts pour dénonciation calomnieuse (voir nos observations sous l'art. 9), on ajouterait, après avoir dit que son identité a été constatée, et avoir relaté l'avertissement de M. le Président :

Le prévenu a conclu à ce qu'il plût au tribunal le relaxer des fins de la plainte portée contre lui, et, en outre, condamner le sieur Rondeau à 2,000 fr. de dommages-intérêts pour plainte calomnieuse.

Puis, si le tribunal acquitte le prévenu et juge qu'il y a lieu de lui allouer des dommages-intérêts, on met après la mention d'acquittement :

Condamne le sieur Rondeau, envers le sieur X......, pour plainte calomnieuse, en 300 fr. de dommages-intérêts recouvrables par corps.

--- -- --

N° 27. — JUGEMENT QUI CONDAMNE A UNE PEINE DISCIPLINAIRE. (ART. 57.)

Après avoir indiqué, comme dans la formule n° 24, que le

tribunal a délibéré, et que les portes sont de nouveau ouvertes au public, on ajoute : M. le Président prononce le jugement suivant :

Considérant qu'il n'est pas suffisamment démontré que le sieur X.., en désobéissant à son capitaine, l'ait en même temps injurié,

Le tribunal, à l'unanimité, le déclare seulement coupable de la faute de discipline de désobéissance simple,

Et le condamne, en conséquence, à six jours de prison, et ce, en vertu, etc. *(Le surplus comme au n° 24.)*

N° 28. — Jugement d'incompétence. (Art. 58.)

Après avoir indiqué que le tribunal a délibéré, et que les portes ont été ouvertes, comme dans la formule n° 24, on ajoute : M. le Président prononce le jugement suivant :

Considérant que le vol imputé au prévenu s'applique à un objet d'une valeur évidemment supérieure à 10 fr.; que, dès-lors, il constitue un crime, aux termes de l'article 93 du décret du 21 mars 1852,

Le tribunal maritime commercial, à l'unanimité, se déclare incompétent, et renvoie la cause et l'inculpé devant les juges qui en doivent connaître.

Ou bien encore : Considérant que le fait imputé au prévenu n'est point prévu par les dispositions du décret du 21 mars 1852; que, dès-lors, il ne peut constituer qu'une infraction du droit commun,

Le tribunal maritime commercial, etc. *(Le reste comme ci-dessus.)*

No 28 *bis.* — MANDAT DE PAIEMENT DE FRAIS DE VOYAGE ET DE SÉJOUR, A METTRE AU DOS DE LA COPIE DE LA CITATION. (ART. 46, § I.)

M. le Receveur de l'enregistrement du Havre est requis de payer, sur la présentation de la présente, au sieur Jean Chauvot, la somme de 21 fr., qui lui a été allouée, sur sa demande, pour frais de voyage et de séjour, occasionnés par sa comparution en qualité de témoin dans la procédure contre le nommé Louis Hérault, matelot.

Fait au Havre, le. . . . . .

Le commissaire de l'inscription maritime.

Le témoin, en recevant le paiement, remet sa copie, après avoir signé au bas un acquit de la somme touchée. S'il ne sait pas signer, le comptable le mentionne.

No 29. — LETTRE POUR METTRE A LA DISPOSITION DU PROCUREUR IMPÉRIAL UN HOMME CONDAMNÉ A LA PRISON PAR LE TRIBUNAL MARITIME COMMERCIAL. (ART. 41.)

Bordeaux, ce. . . . . .

Monsieur le Procureur impérial,

J'ai l'honneur de vous informer que j'ai fait déposer à la prison municipale, pour y être tenu à votre disposition, le nommé Paul Denis, matelot, condamné à deux ans de prison par jugement du tribunal maritime commercial de

ce port, du 15 mars courant, dont je vous envoie une expédition.

Je vous prie de faire exécuter cette condamnation.

Recevez, Monsieur le Procureur impérial, l'assurance
de ma haute considération.

Le commissaire de l'inscription maritime.

N° 50. — RÉQUISITION A LA FORCE ARMÉE.

Le commissaire de l'inscription maritime requiert M. le
Commandant de la gendarmerie de faire extraire de la prison municipale et conduire, de brigade en brigade, sous
bonne et sûre garde, devant M. le Préfet maritime, à Ro-
chefort, le nommé Jean-Paul Didier, coupable de désertion.

Bordeaux, au bureau du port, le 13 juin 1853.

(Signature).

N° 50 bis. — LETTRE D'ENVOI D'UN CONDAMNÉ EN FRANCE. (ART. 41.)

Monsieur le Chef de service,

J'ai l'honneur de vous adresser, ci-jointe, une expédition d'un jugement rendu par le tribunal maritime commercial de la corvette à vapeur le *Héron*, contre le nommé
Jean Vidal, que je fais embarquer sur le lougre le *Salut*
pour subir sa peine en France.

Je vous prie de vouloir bien donner à cette affaire la suite qu'elle comporte.

Veuillez agréer, Monsieur le Chef de service, l'assurance de ma haute considération.

Le commandant des îles de Saint-Pierre et Miquelon.

(Signature).

A Monsieur le Chef de service de la marine, à Bordeaux.

N° 31. — PROCÈS-VERBAL CONSTATANT LE CAS DE FORCE MAJEURE, LORSQU'IL Y A LIEU A RETRANCHEMENT DE RATION. (ART. 76.)

Les soussignés, Pierre Julien, capitaine du navire le *Jupiter*; Paul Barbe, second, etc.,

Constatent que le navire a été éloigné de sa route par les vents contraires;

Que la dernière tempête a obligé à couper le grand-mât;

Que, par suite, le navire devra éprouver de longs retards avant d'arriver à sa destination;

Que le temps nécessaire pour l'arrivée est d'un mois au moins, et qu'il reste à peine pour quinze jours de vivres de ration ordinaire.

Dans cette situation, les soussignés décident, à l'unanimité, que, pour éviter le danger d'une catastrophe complète, il y a lieu de réduire d'une moitié la ration ordinaire de chaque personne.

Fait en mer *(latitude, longitude)*, le 30 mars 1832.

(Signatures).

N° 32. — Procès-verbal constatant que le capitaine a pris l'avis des principaux de l'équipage avant d'abandonner le navire. (Art. 80.)

Nous avons dit, sous l'art. 80, que l'avis des principaux de l'équipage doit être pris avant l'abandon du navire. Le procès-verbal qui le constate doit aussi, autant que possible, être rédigé auparavant. Ce ne serait qu'autant que cela ne pourrait pas avoir lieu qu'on le dresserait seulement ensuite, dans la forme suivante :

Nous, soussignés, Jean Martin, second du trois-mâts l'*Éclair*; Pierre Deval, lieutenant, etc.,

Constatons qu'avant-hier soir, à neuf heures et demie, le navire, poussé par la tempête, a été jeté sur une roche;

Qu'il s'est fait une large voie d'eau, et que, malgré le le zèle de tout l'équipage et des passagers à travailler aux pompes, le navire a été rapidement envahi par l'eau;

Par suite, on a reconnu la nécessité d'abandonner le bâtiment; et, spontanément, nous nous sommes réunis, et après en avoir délibéré, nous avons déclaré au capitaine que notre avis était qu'il serait inutile et téméraire de rester plus longtemps à bord.

C'est alors seulement que le navire a été abandonné; le capitaine y est resté le dernier; il n'est monté dans la chaloupe qu'après toutes les personnes du bord. Il a emporté avec lui tous les objets précieux et tout l'argent qu'il lui été possible de sauver.

L'imminence du péril ne nous a pas permis de dresser procès-verbal pour constater notre avis avant l'abandon du navire.

Fait en mer, le

(Signatures).

N° 55. — Procès-verbal de visite de navire.
(Art. 85.)

I. — Première visite.

Aujourd'hui 11 octobre 1853, nous, soussignés, Jean Fillon et François Lheureux, capitaines de navire, et Jean-Pierre Dupuis, constructeur, visiteurs des navires destinés au long-cours, experts nommés à cet effet par le tribunal de commerce de Bordeaux, et assermentés devant lui.

Sur la demande du sieur Rolland (Jean), capitaine du navire le *Jean-Bart*, de Bordeaux, du port d'environ cinq cent vingt tonneaux, destiné pour les mers du Sud, touchant au Havre, ayant vingt-huit hommes d'équipage, armé par MM. Hugon et Dubin (consignataires).

Conformément à l'art. 225 du Code de commerce et aux réglements auxquels il renvoie, nous sommes transportés à bord dudit navire, mouillé à Bordeaux, vis-à-vis la place Richelieu, où, en présence de M. Rolland, avons procédé à une première visite. Les panneaux ouverts, nous avons scrupuleusement examiné ce navire, tant au dedans qu'au dehors. Nous déclarons avoir reconnu le corps bon, construit à Bordeaux en septembre dernier, cloué, chevillé et doublé en cuivre sur le chantier.

Nous déclarons avoir également reconnu que sa mâture, son gréement, ses pompes, sont en bon état; qu'il a deux chaînes, deux aussières, deux ancres de bossoir; qu'il a, en outre, son gabarit de gouvernail et sa barre de rechange, et les voiles nécessaires également pour rechange; que tous ces objets sont aussi bons; qu'il a une chaloupe et deux canots armés d'avirons et gaffes.

Avons fait observer audit sieur Rolland qu'il faut à ce

bâtiment: une ancre de bossoir, une ancre à jet, une chaîne de câble, un grelin, du filin pour rechange, dont une pièce de ride, deux mâts et deux vergues de hune, une préceinte de sept mètres de long sur onze centimètres d'épaisseur.

Pendant l'armement, on nous soumettra l'inventaire de la douane, pour connaître les dimensions des chaînes. A la seconde visite, on nous remettra un état détaillé des voiles et des pièces de toile de rechange signé par le voilier et le capitaine. On nous présentera le rechange des pompes et un fanal lenticulaire, conformément au décret du 17 août 1852. Ce dont le sieur Rolland a pris note, et a signé avec nous.

NOTA. — *Dans cette formule, nous faisons figurer deux capitaines de navire et un constructeur; mais la commission pourrait se composer seulement de deux capitaines, ainsi que nous le disons sous l'art. 83.*

II. — Deuxième visite.

Avenant ce 21 novembre 1853, nous nous sommes transportés à bord du navire de l'autre part désigné, où, en présence du capitaine, avons procédé à une seconde visite. Les panneaux ouverts, nous avons reconnu que ce que nous avions ordonné a été fait et mis à bord; que le navire a toutes ses voiles, et est muni d'un fanal lenticu-laire et de tous les ustensiles nécessaires et usités. Nous certifions, en conséquence, que ledit navire est en état d'en-treprendre un voyage de long-cours.

En foi de quoi, nous avons dressé le présent procès-verbal, à bord, les jour, mois et an que dessus.

(Signature du capitaine et des experts).

III. — Acte de dépôt.

Aujourd'hui 21 novembre 1853, a été déposé au greffe du tribunal de commerce de Bordeaux, par le sieur Fillon, capitaine de navire, officier-visiteur en ce port, le procès-verbal de la visite du navire le *Jean-Bart*, capitaine Rolland; ledit procès-verbal, en date du 11 octobre dernier et de ce jour, a été enregistré par Debrun, qui a perçu les droits.

Duquel dépôt le comparant a requis acte, qui lui a été octroyé, et a signé avec nous.

FIN DU FORMULAIRE.

TABLE DU DÉCRET DISCIPLINAIRE.

TABLE DU FORMULAIRE.

TABLE ALPHABÉTIQUE ET ANALYTIQUE

DES MATIÈRES.

NOTA. Lorsqu'on indique un article et une page à la suite, on montre par là qu'il faut se reporter d'abord à l'article, et ensuite aux explications contenues dans cette page.

Pouvoir disciplinaire. — A qui il appartient, art. 5. — Dans quels cas il est exercé par les différents fonctionnaires qui en sont investis, art. 6, 7.

Pouvoir discrétionnaire du président, art. 33.

Préfet maritime. — Vide les conflits qui s'élèvent en France, art. 8, 10.

Président du tribunal de commerce. — Est chargé de désigner un juge de ce tribunal pour faire partie du tribunal maritime commercial, art. 14, form. n. 14.

Président du tribunal maritime commercial. — Le président est suivant les circonstances, un commissaire de l'inscription maritime, un commandant d'un bâtiment de l'État, ou un consul, art. 10, 12 à 15; il doit être âgé de vingt-cinq ans, art. 19. — Pouvoir d'appréciation du président au sujet des plaintes qui lui sont remises, pages 43, 46. — Il désigne et convoque les membres du tribunal, art. 28, page 47, formules nos 16, 17. — Le président désigne le rapporteur, art. 28. — Il délivre une cédule pour faire citer les témoins, page 51. — Dans quels cas il y a lieu de faire citer le prévenu, pages 51, 62. — Il a la police de l'audience, art. 29. — Il a un pouvoir discrétionnaire, art. 33. — Règles qu'il doit suivre à l'audience, art. 30 à 36. — Il signe le jugement avec les juges et le greffier, art. 39. — Formule exécutoire qu'il place au bas, art. 40. — Il prend les mesures nécessaires pour en assurer l'exécution, art. 40. — Mesures à prendre contre l'individu condamné, pages 67, 68. — Il mentionne sur le livre de punition et sur le rôle d'équipage les pénalités prononcées contre le capitaine, art. 42. — Expéditions diverses du jugement à adresser, page 66. — Envoi d'une expédition au ministre de la marine, art. 41.

Prévenu. — Interrogatoire, pages 36, 38, 48, form. nos 6, 7, 8, page 155, form. n. 23. — Le rapporteur doit lui faire lecture du procès-verbal d'information dès qu'il est terminé, page 50. — Quand il y a lieu de le faire citer, pages 51, 62, form. n. 22. — Il comparait libre devant le tribunal, art. 51, page 55. — Il peut se faire assister d'un défenseur à son choix, art. 51, page 51.

Procédure. — Pour les différentes natures d'infraction, page 4. — En matière de fautes de discipline, art. 23. — En matière de délits, articles 24 et suivants. — En matière de crimes, art. 49 et suivants. — Pour les infractions commises hors du bord, pages 32 et 33. — V. *Frais.*

Procès-verbaux. — V. *Constatation, information, force majeure, visite de navire.*

Punition. — V. *Peine disciplinaire.*

Querelles ou disputes sans voies de fait, page 92, art. 58.

Rapport du second ou de l'officier de quart. — V. *Officier.*

Rapport du capitaine. — V. *Déchargement.*

Rapporteur. — V. *Juge rapporteur.*

Bordeaux. — Imp. de J. Delmas, rue Ste-Catherine, 139.

A LA MÊME LIBRAIRIE.

Guide des Candidats au grade de Maître au Cabotage, par A. Hue; in-8º. . . . . 5f »

Traité de la Dot, par Tessier; 2 vol. in-8º. . . . . 18 »

Questions sur la Dot, par Tessier, 1852; 1 vol. in-8º. . . 5 »

Histoire de Bordeaux, par Bernadeau, ornée de figures, 1 vol. in-8º. . . . . 10 »

Antiquités de Bordeaux, par Bernadeau (1797); in-8º. . . 5 »

Histoire des Rues de Bordeaux, par Bernadeau; in-8º. 3 50

Musée d'Aquitaine, par Lacour, Jouannet; 5 vol. in-8º, figures et planches. . . . . 20 »

Statistique du département de la Gironde, par Jouannet, avec *Supplément* et planches; 4 vol. in-4º. . . . . . . 50 »

Nouveau Guide de l'Étranger à Bordeaux, 4ᵉ édition (1852); 1 vol. in-18. . . . . 1 70

Histoire de la ville de Libourne, par Guinaudie; 3 v. in-8º. 15 »

Manuel d'Agriculture, par Martinelli; 2ᵉ édition, in-18. . 2 25

Guide du Propriétaire de Vigne, par Du Puits de Maconex, 1850; 1 vol. in-8º. 2 50

Histoire des Juifs de Bordeaux, par Etchevéry; in-8º. 1 25

Études sur les Landes, par le baron d'Haussez; in-8º. . . 3 50

Guide du Cultivateur de Melons, par M. Du Puits de Maconex, 1855 (2ᵉ édition); in-8º. 1 50

Manuel des Poids et Mesures pour le département de la Gironde, par M. Gras; 1 vol. in-8º. 2 50

Grammaire espagnole à l'usage des Français, par Borraz (Ouvrage autorisé par l'Université); in-8º. . . . . 4 »

Cours de Thèmes espagnols, par Borraz (ouvrage autorisé par l'Université); in-8º. . . . . 5 »

Proverbes Basques, recueillis par Arnauld Oehenart, suivis des poésies basques du même auteur; 2ᵉ édition, revue, corrigée, augmentée d'une traduction des poésies, gr. in-12.. 5 »

Grands Vins de Bordeaux (Les), poëme par M. Biarnez, avec préface du docteur Babrius, intitulée : *De l'Influence du Vin sur la Civilisation;* avec vignettes; grand in-8º. . 5 »

Traité sur les Vins du Médoc et les autres Vins rouges et blancs du département de la Gironde, par W. Franck; 3ᵉ édition, revue, augmentée et accompagnée de 20 vues de châteaux des principaux domaines du Médoc, et d'une Carte du département de la Gironde, dressée en 1855; in-8º. . . . 6 »

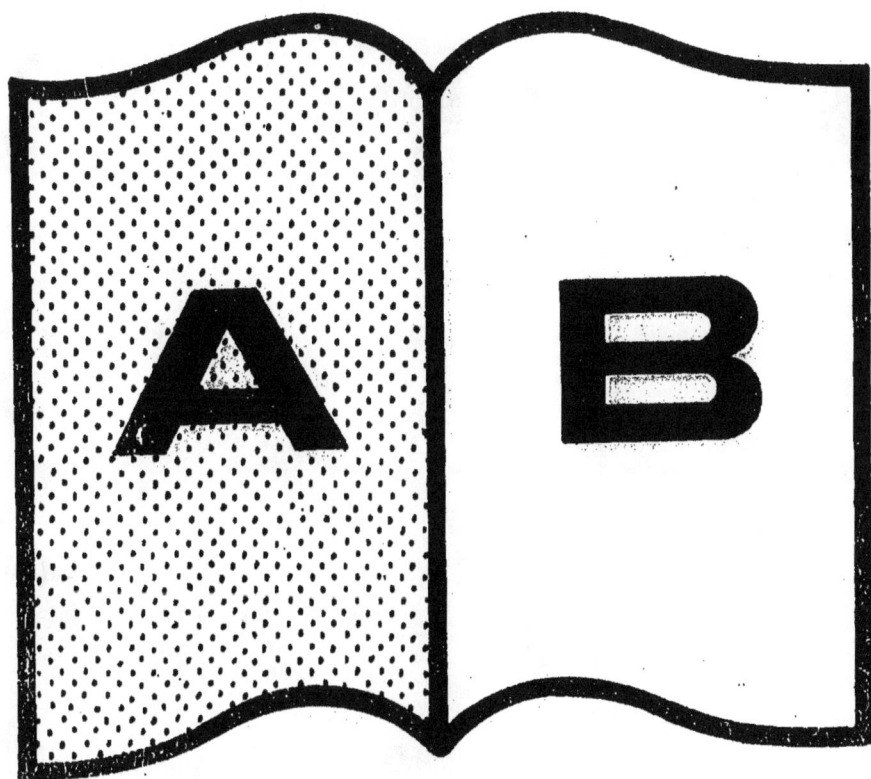

Contraste insuffisant

NF Z 43-120-14

www.ingramcontent.com/pod-product-compliance
Lightning Source LLC
Chambersburg PA
CBHW070531200326
41519CB00013B/3012